kosmos

KOSMOS
HUNDE
BIBLIOTHEK

HEIDI UND BERND KÄSER

PUDEL

EXPERTENRAT
FÜR DEN
HUNDEHALTER

FRANCKH-KOSMOS

IMPRESSUM

Mit 51 Farbfotos und 24 Schwarzweißabbildungen.
Farbfotos von Aduan (1, S. 107), Bültermann (Vorsatz), Domke (1, S. 97), Eberhard (3, S. 35u, 43, 67), Flocken (3, S. 34, 35o, 55), Gansel (1, S. 8), Hildebrand (3, S. 44, 98o, 98u), Juniors Bildarchiv (2, S. 19 und 71 Schanz), Heidi Käser (19), Eva-Maria Krämer (1, S. 36ur), Lesinski (4, S. 32, 33, 69, 94), Roberto (2, S. 81, 91), Robra (4, S. 23, 83, 90, 109), Rosita (1, S. 60), Steinmeier (1, S. 56), Straubel (1, S. 113), Thielecke/Mechsner (1, S. 25), Wagner (2, S. 36o, 84), Weich (Frontispiz) und aus dem Archiv des DPK (2, S. 73, 87).
Schwarzweißabbildungen von Vardkes Badaljan (9 Cartoons), Carlos (S. 89), Domke (1, S. 40), Eva Hohrath (S. 39), Mechsner (1, S. 74), Kistler (1, S. 31), Walther (2, S. 30, 102) und Brigitte Zwickel-Noelle (S. 95) sowie 6 historische Abbildungen aus »Der Deutsche Pudel« von Claudius Hüther, DPK 1907 (S. 11 bis 18).
Umschlaggestaltung von Norbert Deppe, Herrenberg-Oberjesingen, unter Verwendung von 5 Farbaufnahmen von Heidi Käser (vorn, hinten oben rechts), Lesinski (oben links), Domke (unten links) und Roberto.
Autoren und Verlag bedanken sich bei Frau Heidrun Holland, Obfrau für Öffentlichkeitsarbeit im DPK, für den Beitrag »Der Beginn der Pudelzucht in Deutschland« (S. 29) und Heiner Schilken, Obmann für Agility im DPK, für den Beitrag »Agility« (S. 72).
Die Kapitel »Zur Abstammung und Geschichte des Pudels« (S. 8) und »Über den Pudel im allgemeinen« (S. 19) sind mit freundlicher Genehmigung des DPK dem Buch »Der Deutsche Pudel« von Claudius Hüther entnommen, das der DPK 1907 herausbrachte und in seiner Festschrift »90 Jahre Deutscher Pudel-Klub e.V. DPK 1893-1983« zitierte.
Kynologische Beratung bei der Buchreihe »Kosmos-Hundebibliothek – Expertenrat für den Hundehalter«: Eva-Maria Krämer, Neunkirchen-Seelscheid.
Fachtierärztliche Durchsicht:
Dr. Hermann Röcken, Starnberg.

ISBN 3-440-07006-9
Lektorat: Angela Wolf
Herstellung: Kirsten Raue
Printed in Italy / Imprimé en Italie
Satz: G. Müller, Heilbronn
Druck und Binden:
Printer Trento S.r.l., Trento

Die Deutsche Bibliothek –
CIP-Einheitsaufnahme

Pudel : Expertenrat für den Hundehalter / Heidi und Bernd Käser. – Stuttgart : Franckh-Kosmos, 1995
(Kosmos-Hundebibliothek)
ISBN 3-440-07006-9
NE: Käser, Heidi; Käser, Bernd

INHALT

Pudel

1. Zur Abstammung und Geschichte des Pudels 8
- Anatomische Studien 9
- Erste Abbildungen 10
- Der Wasserhund 13
- Der Jagdhelfer 15
- Der Schnürhund 16
- Wechselnde Popularität 17

2. Über den Pudel im allgemeinen 19
- Bemerkenswerte Eigenschaften 20
- Die Sinne 21
- Gelehrigkeit 25

3. Beginn der Pudelzucht in Deutschland 29
- Erstes Stammbuch 30
- Neubeginn 30
- Neue Schurarten 31

4. Der Steckbrief des Pudels 32
- Charakter und Eigenschaften 32
- Größen, Farben und Schurarten 33
  - *Modeschur* 34
  - *Puppyschur* 34
  - *Standardschur* 35
  - *Saddle-Clip und Continental-Clip* 35
  - *Karakulschur* 36

5. Der Rassestandard des Pudels 37
- Allgemeinerscheinung und Veranlagung 37
- Kopf 38
- Vordergliedmaßen 40
- Rumpf 40
- Hintergliedmaßen 41
- Haarkleid 42
- Größe 43
- Fehler 43

6. Überlegungen vor der Anschaffung eines Pudels 45
- Voraussetzungen 45
- Wo kaufe ich meinen Pudel? 47
- Rüde oder Hündin? 48
  - *Die Hündin* 48
  - *Der Rüde* 48

7. Ein Pudelwelpe kommt ins Haus 49
- Erste Anschaffungen 49
- Die Auswahl 50
- Abholung des Pudelwelpen 50
- Die Namensgebung 51
- Die Eingewöhnung 51
- Der erste Arztbesuch 51
- Stubenreinheit 52
- Die Sache mit den »Häufchen« 53
- Der Pudel im Auto 53
- Der Pudel im Urlaub 54

8. Die richtige Ernährung des Pudels 56
Fleisch 57
Getreide und Rohkost 58
Vitamine 58
Mineralstoffe 58
Dosenfutter 59
Fütterungsregeln 59
Die Ernährung des Welpen 59

9. Die Pflege des Pudels 61
Die Haarpflege 61
Die Schur 62
Das Baden 62
Zähne 64
Krallen 64
Pfoten 65
Analbeutel 65
Parasiten 66
Flöhe 66
Zecken 66
Bandwürmer 68

10. Die richtige Erziehung des Pudels 69
Das Kommando »Komm« 69
Das Kommando »Sitz« 70
Das Kommando »Platz« 70
Das »Pfötchengeben« 71
Das Kommando »Aus!« 71
Das Alleinbleiben 72
Agility 72

11. Krankheiten des Pudels 75
Durchfall 75
Erbrechen 76
Magendrehung 76
Bindehautentzündung 77
Erbkrankheiten 77
Progressive Retina-atrophie (PRA) 78
Hüftgelenksdysplasie (HD) 78
Tränende Augen 78
Patellaluxation 79
Infektionen 79
Aujeszkysche Krankheit 79
Zwingerhusten 80
Staupe 80
Tollwut 81
Ansteckende Leber-entzündung 82
Parvovirose 82
Leptospirose 82
Gebärmutterentzündung, Gebärmuttereiterung 83

12. Mit dem Pudel auf Ausstellungen 84
Geschichte 84
Zweck einer Hunde-ausstellung 85
Voraussetzungen 86
Die Ausstellungsarten 86
Die Welthundeaus-stellung 86
Die Bundessiegershow 86
Die Europasiegershow 86
Die Internationale Rassehundeausstellung 86
DPK-Siegerschauen 87
Die Titel 87
»Internationaler Champion« 87
»Deutscher Champion« (VDH) 87
Formwertnoten 88
Klasseneinteilung 88
Vorbereitungen 88

13. Die Zucht von Pudeln 91
Vorüberlegungen 91
Technische Voraus-setzungen 92
Geschlechtszyklus und Decktermin 93
Der Deckakt 94
Die Trächtigkeit 95
Die Geburt 96

Das Wochenbett 96
Die Aufzucht der Welpen 99

14. Alter und Tod des Pudels 101

15. Kleine Rechtskunde für den Pudelhalter 103
Mietwohnung, Eigentumswohnung 103
Laufenlassen in Jagdrevieren 104
Töten eines Hundes 104
Aussetzen von Hunden 104
Tierarzt und Hund 104
Bissige Hunde 104
Führen am Fahrrad 105
Hunde im Straßenverkehr 105
Tierkörperbeseitigungsgesetz 105
Die Beförderung von Hunden 105
Die Tierhaltergefährdungshaftung 106
Schadensersatzansprüche 106
Versicherungen 106

16. Anhang 107
Weibliche Pudelnamen 107
Männliche Pudelnamen 110
Nützliche Adressen 112
Literatur 113
Bücher 113
Zeitschriften 114
Bildnachweis 115
Register 115

KAPITEL 1

Zur Abstammung und Geschichte des Pudels

Weiße Großpudel

Die Abstammung unserer Haustiere zu ergründen ist eines der schwierigsten Probleme der Zoologie, und vieles ist trotz aller Forschungen noch in tiefes Dunkel gehüllt.

Auch über die Abstammung des zahmen Hundes und seiner so verschiedenartigen Rassen konnten bisher nur Hypothesen von mehr oder minder großer Wahrscheinlichkeit aufgestellt werden. BUFFON, LINNÉ, CUVIER und andere ältere Naturforscher betrachten alle Haushunde als zu einer und derselben, durch Klima und Lebensweise mannigfach veränderten Spezies (*Canis familiaris*) gehörig.

Andere Autoren nehmen für die verschiedenen Gruppen von Hunderassen verschiedene fossile Stammarten an, welche schon im Diluvium als wilde Arten ausgestorben sein sollen; wieder andere betrachten mehrere Arten der noch jetzt lebenden Wölfe und Schakale als die Stammväter der Haushunde.

Ein anderer Forscher, L. FITZINGER, welcher diesem Problem die Arbeit fast seines ganzen Lebens gewidmet hat, führt unsere zahlreichen Hundeformen auf sieben

Haupttypen zurück, welche sich nach ihren körperlichen Merkmalen und ihren geistigen Fähigkeiten weder voneinander noch von anderen heute wild vorkommenden Arten der Gattung *Canis* (Wolf, Schakal etc.) ableiten lassen sollen und welche deshalb für selbständige Arten zu halten seien, die ursprünglich zwar in wildem oder halbwildem Zustand vorkamen, im Laufe der Zeit aber vollständig domestiziert worden sind.

Als solche eigentümliche, selbständige Arten unseres zahmen Hundes nimmt FITZINGER an: den Haushund, den Seidenhund, den Dachshund, den Jagdhund, den Bullenbeißer, den Windhund und den nackten Hund. Alle übrigen Formen scheinen ihm teils Abänderungen in Folge klimatischer Einflüsse, Veränderung der Lebensweise und Einwirkung der Kultur zu sein, teils hält er sie aber auch für Bastarde, welche auf der Kreuzung der verschiedenen einzelnen Formen unter sich, vielleicht auch mit dem Wolf, Schakal etc. beruhen.

Was unseren Pudel betrifft, so erklärt ihn FITZINGER »mit voller Gewißheit« als eine reine, unvermischte Form des alten Seidenhundes (*Canis extrarius*), welche durch Akklimatisation, andere Existenzbedingungen und Zucht entstanden ist. (Diese Ansicht findet scheinbar eine gewisse Stütze durch die auffallend starke Vererbungskraft des Pudels. »Eine einmalige Vermischung mit Pudelblut zeigt sich viele Generationen hindurch, wie die Erfahrungen der Pudelpointer-Züchter lehren.« Siehe A. STRÖSE, »Unsere Hunde«, Neudamm 1902.)

Die Fitzingersche Hypothese gilt heute allgemein als abgetan; ihre Beweise standen von jeher auf schwachen Füßen, und die in den letzten Jahren von verschiedenen zoologischen Forschern angestellten eingehenden Vergleiche prähistorischer Hundeschädel mit solchen unserer heutigen Rassen haben ihr endgültig den Todesstoß versetzt.

Anatomische Studien

Von diesen in neuester Zeit erschienenen Abhandlungen befaßt sich die nicht nur für den theoretischen Fachmann, sondern auch für den praktischen Kynologen sowie für jeden Gebildeten äußerst interessante Publikation des Berner Professors THEODOR STUDER »Die prähistorischen Hunde in ihren Beziehungen zu den gegenwärtigen Rassen« (Zürich 1901) am ausführlichsten mit der Frage der Abstammung unseres Pudels. Nach diesem Forscher, dessen eingehenden Untersuchungen ein überaus reiches Material von Resten vorgeschichtlicher Hunde zugrunde lag, zeichnen sich die Pudelschädel aus durch große Ausdehnung des Gehirnteils und eine hohe und gewölbte Stirn.

»Bei den meisten ist der Gesichtsteil scharf von der Stirn abgesetzt, so daß die Profillinie an der Nasenwurzel sehr concav ist, doch kommen auch Schädel vor, wo die Stirne fast ohne Einsenkung in den Nasenrücken übergeht und derselbe erst in der Mitte eingesattelt ist ...«

»Im allgemeinen zeigen nur die

flachstirnigen Formen, bei denen die Profillinie nicht oder nur wenig an der Nasenwurzel eingesenkt ist, etwas Schäferhundartiges; bei den meisten überwiegt der Habitus des Jagdhundes, speziell des kleineren Vorstehhundes, nur sind die Charaktere, wie hohe Schnauze, Verbreiterung des Hirnschädels, Einsenkung der Nasenwurzel, Höhe der Stirne, noch mehr ausgesprochen als bei diesem ...«

»Nehmen wir dazu, daß der Pudel jagdliche Eigenschaften besitzt, einen vorzüglichen Geruchsinn hat, nach Art vieler Jagdhunde gerne ins Wasser geht, sich zum Apportieren sehr gelehrig zeigt, an vielen Orten auch zur Jagd benutzt wird und Kreuzungen mit Jagdhunden (Pointer u. a.) eingeht, so wird die Waagschale sehr zu Gunsten der Ansicht fallen, daß es sich bei ihm eher um einen hochdifferenzierten *Canis intermedius* als um einen Schäferhund handelt.«

Ich glaube kaum einem Widerspruche zu begegnen, wenn ich meine Überzeugung dahin ausspreche, daß durch diese Ausführungen die Frage nach der Abstammung unseres Pudels mit Sicherheit endgültig gelöst sein dürfte; wenn auch die Wissenschaft beständig fortschreitet, so wird doch wohl schwerlich etwas noch Überzeugenderes an ihre Stelle gesetzt werden können. Auch STREBEL ist dieser Ansicht und sagt darüber auf Seite 94 seines Werkes:

»Diese von STUDER ausgesprochenen Vermutungen werden durch die Geschichte des Pudels bestätigt. Er ist unbedingt aus einer Kreuzung des zotthaarigen Schäferhundes mit dem Jagdhunde hervorgegangen; und da der Jagdhund diejenige Rasse war, der man durch Hinzufügung dieses Schäferhundes widerstandsfähigeres Haarkleid u. vielleicht auch Größe anzüchten wollte, so ist das Jagdblut vorherrschend.«

Die ursprüngliche Heimat des Pudels versetzten BUFFON und später auch FITZINGER nach dem nordwestlichen Teil von Afrika, besonders nach Marokko und Algier, von wo er jedoch schon sehr früh nach Europa gekommen sein muß. Die alten Griechen und Römer haben sicherlich schon eine derartige Rasse gekannt, da auf verschiedenen antiken Reliefen, besonders solchen aus der Zeit des römischen Kaisers AUGUSTUS, sich Abbildungen von pudelartig geschorenen und pudelähnlichen Hunden befinden. Doch erwähnt ihn keiner der alten Schriftsteller.

Erste Abbildungen

Auch im Mittelalter wird der Pudel noch nirgends genannt; erst an dessen Ende treffen wir auf einige Spuren. So befindet sich in der berühmten gotischen Kathedrale zu Amiens ein unzweifelhafter und höchst merkwürdigerweise ganz modern frisierter Pudel in Stein gemeißelt. In der sogenannten »Clôture du chœur« – einer mit Skulpturen und Reliefen reich verzierten, den Chorplatz abschließenden Mauer – sind mehrere Episoden aus dem Leben des Märtyrers FIRMIN dargestellt. An der rechten Ecke dieser in-

Antikes Relief (aus »Die deutschen Hunde und ihre Abstammung« von Strebel)

teressanten Serie sieht man den Heiligen im Bischofsornat mit gefalteten Händen und demütig geneigtem Haupte knien, während nebenan der Henker steht und sich anschickt, durch einen schwungvollen Hieb mit einem Sarazenen-Säbel dem frommen Gottesknecht das Haupt abzuschlagen. Bei dieser Gruppe steht als Dritter im Bunde der obenerwähnte, auch nach heutigen Begriffen vollkommen kunstgerecht mit Löwenmähne, Manschetten und Schwanzquaste geschorene Pudel dabei. Diese Gruppe stammt aus dem Jahre 1499, wie uns GEORGE DURAND in seiner großen »Monographie de l'église Notre Dame, cathedrale d'Amiens« IV. Kapitel: Ameublement et monuments accessoires, Seite 85, mitteilt.

Gleichfalls aus dem Ende des 15. Jahrhunderts stammt ein in der Münchner alten Pinakothek hängendes Gemälde aus dem Jahre 1492 von PIERO DI COSIMO »Die drei Erzengel und der junge Tobias«; hier zeigt uns der Maler einen kleinen Hund, nicht unähnlich einem halbwüchsigen weißen Pudel, der neben Raphael herläuft, nach den Worten der Bibel: »Und Tobias zog aus und ein Hündlein begleitete ihn.«

Trotzdem Mitte desselben Jahrhunderts die Buchdruckerkunst erfunden und auch die Kunst des Holzschnittes immer mehr vervollkommnet worden war, verging doch fast ein ganzes Säkulum, bis endlich das erste mit Abbildungen ausgestattete zoologische Werk erschien. Es ist die berühmte »Historia animalium« des CONRAD GESNER (geb. in Zürich am 26. März 1516 und gestorben ebenda am 13. Dezember 1564), in welcher zum erstenmal die damals bekannten Tierformen von einem wirklich naturhistorischen Standpunkt aus geschildert werden.

In dem ersten Band »De Quadrupedibus viviparis« dieses höchst umfangreichen Opus bringt GESNER ein Kapitel »De Cane« (Vom Hunde) und in diesem unter anderem die Abbildung eines pudelähnlichen Hundes, der *Canis aquaticus aviarius* (Wasservogelhund) genannt wird. Doch hat er dieses Tier nicht selbst gesehen, sondern er erhielt dessen Bild von dem ihm befreundeten und mit ihm in regem wissenschaftlichem Briefwechsel stehenden englischen Naturforscher JOHANNES CAJUS (JOHN KAJ) nebst einer kurzen Beschreibung, die auf Deutsch ungefähr lautet:

»Der Wasservogelhund, welcher zur Jagd in den Gewässern benützt wird, wozu er, wie mir CAJUS schreibt, von Natur aus so beanlagt

Der »Canis aquaticus«, gezeichnet von Conrad Gesner.

ist, daß er nur mehr wenig dressiert werden braucht. Er ist größer als die vorher beschriebenen, auf dem Trockenen jagenden Vogelhunde und am ganzen Körper mit langen Haaren bedeckt. Ich habe ihn trotzdem abgebildet als von den Schultern bis zum Hinterteil, sogar bis zur Schwanzspitze geschoren; denn dies ist unser Brauch, weil er, von Haaren befreit, beweglicher und im Schwimmen weniger gehindert ist. Englisch: Ein Wasserspaniel.«

Es liegt nahe, aus dieser Beschreibung und den übrigen Umständen den Schluß zu ziehen, daß es sich hier nicht um einen Pudel, sondern um einen nahen Verwandten desselben, den englischen oder irischen Wasserspaniel, handeln könne. Ich neige aber dennoch mehr zu der Ansicht, daß der GESNERsche *Canis aquaticus* sehr wahrscheinlich schon ein richtiger Pudel ist, weil die genannten Spaniels – obwohl im Bau sehr ähnlich – doch im Haar von diesem Hunde wesentlich verschieden sind; sie haben nämlich im Gesicht und an der Rute nur kurze glatte und am übrigen Körper nur kurze geringelte Haare, so daß es erstens gar nicht möglich ist, sie so zu scheren, wie die CAJUSsche Abbildung zeigt, und zweitens zum Scheren bei diesen Rassen infolge ihres weniger üppigen Haarwuchses überhaupt keine dringende Veranlassung besteht. Daß CAJUS die Bezeichnung »Wasserspagnelle« gebraucht, ist ohne Beweiskraft, da bei den Autoren derartige Verwechslungen ständig wiederkehren.

Auf das GESNERsche Werk folgte meines Wissens über 100 Jahre lang kein zoologisches Opus, das eines pudelartigen Hundes erwähnt oder von einem solchen Abbildungen gebracht hätte. Insbesondere ist es merkwürdig, daß in dem berühmten Werk von ULISSES ALDROVANDI »De Quadrupedibus viviparis« (Bologna 1637) nicht das Mindeste von einem pudelähnlichen Hund zu finden ist, obwohl sonst viele andere Rassen darin aufgeführt sind. Man kann sich daher der Ansicht nicht verschließen, daß ein Hund, den weder GESNER gesehen, noch ALDROVANDI erwähnt hat, damals keine einigermaßen bedeutende Verbreitung im mittleren Europa gehabt haben kann.

Der Wasserhund

Im Jahre 1669 erschien in Frankfurt ein deutscher Auszug aus dem GESNERschen Werke unter dem Titel: »Gesnerus redivivus« oder »Allgemeines Tierbuch« von CONRAD FORRER. Darin findet sich die Abbildung eines sitzenden langhaarigen und ungeschorenen Hundes, der unserem heutigen Pudel außerordentlich ähnlich ist, und dazu folgender Text:

Von dem Wasserhund

Canis aquaticus

»Der Wasserhund / sonst auch Barbet genennet / ist ein sonderlich artiges / und anmuthiges Tier / und hat wunderlich holdselige Tugenden an ihm / gleich wie der Augenschein und die tägliche Erfahrung bezeugen. Unter diesen Hunden jagen etliche dem Biber / Otter / und wilden Enten nach: Andere aber / wenn etwas in das Wasser gefallen / oder geworfen worden so bringen und holen sie es wieder herauss.«

Hier wird also nicht nur die jagdliche Veranlagung dieses Wasserhundes, sondern zum erstenmal auch seine hervorragende Eignung als Gesellschaftshund betont, und wir können daher wohl mit noch größerer Sicherheit als beim CAJUSschen *Canis aquaticus* annehmen, daß uns hier ein echter und rechter Pudel entgegentritt.

Das Jahr 1719 bringt uns unter dem Titel: »Der vollkommene Teutsche Jäger von HANNS FRIEDRICH VON FLEMMING« einen dickleibigen Folianten, dessen III. Teil handelt »Von denen Hunden«. Seite 180 heißt es hier:

»Es haben die Schäfer niedrige Mittel-Trieb-Hunde, welche zottlicht von Haaren sind, und kriegen solche Art aus nordischen Landen,

Pudel auf einem Gemälde von 1776, Wassergeflügel jagend

sonderlich aus Issland, solche Issländer Budel nun werden mit einem Jagd-Hunde beleget, so fallen die Jungen von langen Ohren, zottlich von Haaren, welchen, damit sie besser schwimmen können, das grosse dicke Haar abgenommen ihnen ein rechter Barth und Augenbrauen stehen gelassen und der Schwantz gestutzet wird, darumb sie die Franzosen wegen ihres Barts Barbet nennen.

Diese Art Wasser-Hunde, welche von der Issländischen grauen Farbe und des Jagd-Hundes rothen Haaren mehrentheils braun, auch offt weiss mit braunen Flecken als ein Hühner-Hund, oder gar schwartz angetroffen werden, sind hurtige und treue Hunde, suchen und jagen gern, lieben auch von Natur das Wasser-Baden, mit welchen man des Früh-Jahrs, bey warmem Wetter, in flache kleine Wasser-Pfützen hineinwaden und sie durch wiederholen eines Höltzgen, nachmahls eines Vogels, herauszubringen gewöhnen muss, bis er hinter dem Schützen zu kriechen und nach dem Schuss zu lauffen begierig werde, sodann man muss ihn nach einer lebendigen Ente hetzen und blind schiessen, so wird er hitzig darnach schwimmen, dieselbe würgen und heraushohlen lernen, welches mit der Zeit durch offtmalige Uebung um ein merkliches sich bessert, dass er gar in Teichen oder Seen, ja wohl in schnellen Flüssen seine Dienste thun wird.

Es müssen ihm aber keine Steine, so untersinken, hinein geworffen werden, dann weil er untertauchen müsste, mochte ihm das Wasser in die Ohren lauffen, und er taub werden, er würde auch die Zähne stumpff machen und abnutzen.

Diese Hunde tun gute Stöber-Dienste im Geröhrigt, Morast und Wasser, alles Wasser-Geflügel, so es angeschossen, heraus zu hohlen, welches man sonst ohne Kahn schwerlich kriegen, sondern wohl liegen bleiben und verderben würde, zumahl da mancher Wasser-Vogel nur lahm geschossen, oder flatternd fortzuschwimmen, sich unterzutauchen und im Schilf zu verstecken pfleget, welchen der Hund durch den Wind wohl vernehmen, finden und herausbringen kann.

Sie stöbern aus dem Rohr gleich einem Jagdhunde, die Füchse, Ottern und wilde Katzen mit besonderem Fleiss, dass man ihnen desto besser im Schiessen beykommen kann, treiben auch die Phasianen, Schnepffen, Wasser-Hühner, Kybitz und andere Vögel mit Gewalt zur Flucht.

Die Frantzosen pflegen solchen Barbet, wie ich vom Hühnerhunde geschrieben, eben auch nach französischer Sprache zu gewöhnen und ist ein solcher Wasser-Budel einem Feder-Schützen sehr nützlich und nebst einem Hühnerhund bei allen vorfallenden Gelegenheiten dienlich zu gebrauchen.«

Diese Stelle ist besonders deshalb bemerkenswert, weil sie einen fast 200 Jahre alten Beweis für die oben angeführte STUDERsche Annahme der Abstammung des Pudels aus einer Kreuzung von Jagd- und Schäferhunden bildet. – Auch kommt hier zum erstenmal in einem zoologischen Werk die Bezeichnung »Pudel« resp. nach der damaligen Orthographie »Budel« vor.

Auf Seite 185 teilt uns der Autor

auch mit, daß die damals gebräuchlichen Pudelnamen »Budel«, »Schütze«, »Spion« und »Taucher« waren.

Der Jagdhelfer

Anno 1746 erschien ein in Umfang und Inhalt dem FLEMMINGschen Opus ähnliches Werk: »Jäger-Praktica oder der wohlgeübte und Erfahrene Jäger« von HEINRICH WILHELM DÖBEL. Hier handelt das 160. Kapitel: Vom Pudel- oder Ungarischen Wasserhund:

»Diesen möchte man wohl den Scharwentzel nennen, indem derselbe so gelerig ist, dass er fast alles nachmacht und annimmt. Er lernt allerhand, dass man Spass mit ihm haben kann; besonders gehet er recht gut ins Wasser; wie ich denn auch dergleichen gehabt, die in das Eis gebrochen, und die Enten herausgehohlet haben.

So er dressieret wird, stehet er auch vor Hüner, Hasen, und dergleichen, recht ferm. Im Suchen und Revieren ist er zwar nicht so rasch; als ein Hünerhund, jedoch fleissig, und vor der Flinte recht wohl zu gebrauchen. Er ist seinem Herrn sehr getreu, und giebt Acht auf ihn. Im Sommer pflegt man ihn zu Scheren und werden von den Haaren Hüthe gemacht. Wenn man sie aber nicht schiert, so verfilzen die Haare, und die Flöhe vexieren sie auch sehr.«

Im 162. Kapitel spricht DÖBEL von den zum Trüffelsuchen verwendeten Hunden und erwähnt dabei: »Einige nehmen Hüner-Hunde dazu, wie auch von denen Barbet-Hunden; doch schicken sich unter allen die Pudelhunde am besten hinzu.«

Das umfangreichste naturgeschichtliche Werk des 18. Jahrhunderts, die »Histoire naturelle« des französischen Forschers BUFFON, erschien 1750–1774 in deutscher Übersetzung und enthält ausführlichere Angaben über unsere Rasse und spricht auch zum erstenmal von einem »großen« und einem »kleinen« Pudel:

»Der grosse Budel, oder Pudel, (Budel- oder Pudelhund) auch der Wasserhund, weil diese Art Hunde gern ins Wasser geht, und sich leicht zum Apportiren und zur Wasserjagd abrichten lässet, *Canis aquaticus,* pilo crispo, longo, instar ouis Linn. *Canis auiarius aquaticus,* Fr. Barbet, Canard; eine Pudelhündinn, Fr. Barbette.

Diese Art Hunde hat einen dicken und runden Kopf, breite und lang hängende Ohren, eine kurze und dicke Schnautze, kurze Schenkel, einen kurzen und dicken Leib, und einen fast gerade herab hängenden Schwanz, ein langes und über den ganzen Leib so krauses Haar, dass man sich die wahre Gestalt dieses Thieres, dessen Theile sämmtlich unter wollichten Haaren verborgen liegen, kaum vorstellen kann.

Gemeiniglich sind sie weiss, oder gelblich weiss; doch gibt es auch rothe, schwarze, braune etc. In Ansehung der Grösse, gibt es zwey Arten. Der kleinen Budel wird weiter unten Erwähnung geschehen. Man pflegt das Haar der Budel im Sommer abzuscheren, weil es sonst verfilzt. Sie sind zu allerley Künsten sehr aufgelegt, wie man sie denn auch unter andern Trüffeln suchen lehrt, und sie alsdann Trüffelhunde nennt, wovon an seinem Orte ausführlicher handeln werde.

Ihren Trieb ins Wasser zu gehen, macht man dadurch immer vollkommener, wenn man sie oft Holz, kleine Vögel, Aenten, Wasservögel etc. aus dem Wasser zu hohlen abrichtet. Sie durchsuchen den Schilf so lange, bis der geschossene Vogel erbeutet ist. Sie jagen auch wilde Ottern, Kibitze und Füchse, aus dem schilfigen Gesträuche auf. Uebrigens verdienen sie, in Ansehung der Treue, fast unter allen Hunden die Oberstelle.

Der kleine Budel, Fr. Le petit Barbet, stammt aus der Vermischung des grossen Budels mit dem kleinen spanischen Wachtelhunde ab. Er gleicht dem Budel an Gestalt, Figur, und den langen krausen Haaren, womit sein Leib, wie mit einer Wolle bedeckt ist. Nur die Schnautze ist in Proportion weniger Dick. Das Haar oben auf dem Kopfe, auf den Ohren, und am Ende des Schwanzes, ist beynahe so seidenartig, wie bey dem spanischen Wachtelhunde.«

Die in den nächsten 50 Jahren folgenden, von den Hunderassen handelnden Bücher haben diese Buffonschen Ausführungen meist wörtlich abgeschrieben und nichts Neues beigebracht. Wir können sie deshalb unerwähnt lassen.

Der Schnürhund

Erst im Jahre 1834 erscheint eine für uns interessante Publikation, nämlich das in Leipzig verlegte Werk »Der Naturfreund« von H. G. Ludwig Reichenbach, in welchem zum erstenmal der Schnürenpudel abgebildet und beschrieben wird. Nachdem dieser Autor den gewöhnlichen Pudel kurz beschrieben und dabei nur Bekanntes reproduziert hat, läßt er ein neues Kapitel folgen:

Der Schnürhund

Canis aquaticus funicularis

»Pelz aus Wolle, welche sich in Schnüren dreht, die bis zur Erde herabhängen.

Schnürenpudel aus »Naturfreund« von Ludwig Reichenbach (1834)

Eine seltene, vielleicht klimatische Varietät aus Portugal und Spanien, nach anderen aus Griechenland. Ein grosses, weisses Exemplar, nach welchem die Abbildung gemacht ist, mass 3 Fuss Länge, die Schnüre an den Ohren $1^1/_2$ Fuss und die am Leibe über 2 Fuss. Dieses befand sich im Jahre 1834 in Leipzig, ein anderes von schwarzer Farbe, dessen Schnüre aber ebenfalls bis zum Boden herabhängen, lebt hier in Dresden.«

Wechselnde Popularität

Wir haben oben gesehen, daß der Pudel im 16. und 17. Jahrhundert eine besondere Verbreitung in unserer Gegend nicht gehabt haben kann. Das hat sich aber bald vollkommen geändert. Denn schon ums Jahr 1700 herum muß unser vierbeiniger Freund in Deutschland sehr verbreitet, viel gezüchtet und außerordentlich populär gewesen sein, weil er von da ab nicht nur in allen naturwissenschaftlichen Werken, sondern auch an unzähligen Stellen unserer belletristischen Literatur erscheint.

Wohl die meisten Schriftsteller und Dichter der beiden letzten Jahrhunderte haben ihm eine Rolle in ihren Werken eingeräumt oder ihn wenigstens erwähnt. Auch in vielen Sprichwörtern wurden seine charakteristischen geistigen und körperlichen Eigenschaften zu Vergleichen herangezogen.

Aus diesen Tatsachen geht wohl unzweifelhaft hervor, daß der Pudel gewiß mit mindestens gleichem Recht, wie manche andere Hundegattung, als deutsche Rasse angesprochen werden darf.

Ums Jahr 1860 herum begann jedoch sein Gestirn zu bleichen, und er mußte nach und nach immer mehr gegen andere Rassen zurücktreten. STREBEL glaubt dies auf das Überhandnehmen des Schnürenpudels zurückführen zu sollen, da ein solcher Hund bei schlechtem Wetter zu einem wandelnden Schmutzklumpen würde, zu dessen Pflege fast ein eigener Diener erforderlich sei, weshalb sich die Gunst der Hundefreunde allmählich von ihm abwandte.

Pudel aus der ersten Hälfte des 19. Jahrhunderts

Pudel aus der ersten Hälfte des 19. Jahrhunderts

Ich kann dem nicht vollkommen beipflichten. Gewiß ist ein Schnürenpudel nicht nach jedermanns Geschmack, und viele Freunde unserer Rasse ziehen den gefälligen, sich leicht sauberhalten lassenden Wollpudel unbedingt vor; allein es ist doch nicht einzusehen, warum sich damals alle Pudelliebhaber gesagt haben sollten: »Entweder einen Schnürenpudel oder überhaupt keinen!« Dazu lag doch gewiß keine Veranlassung vor, und so, wie heutzutage zahlreiche Pudelbesitzer ihren Hund entweder bis auf Kopf, Schweif und Manschetten vollständig scheren oder als Lockenpudel pflegen, so hätten sie es auch damals halten können.

Nach meinem Dafürhalten ist die hauptsächlichste Ursache des Niederganges des Pudels darin zu suchen, daß von diesem Zeitpunkt an der Import englischer Rassehunde begann, welche gut durchgezüchtet waren und sich durch korrekten Bau, rationelle Pflege und durch schönste Färbung des Haares auszeichneten. Durch diese Produkte der hochentwickelten englischen Hundezucht wurde sicher der allgemeine Geschmack geläutert, und der damalige, in seinem Äußeren verwahrloste, unschön gefleckte und nicht zielbewußt gezüchtete Pudel konnte trotz aller seiner seelischen Vorzüge gegen diese Konkurrenz nicht mehr aufkommen.

Man sehe sich doch nur die Abbildungen an, welche Hunde aus dieser Epoche darstellen, und man wird gewiß begreiflich finden, daß die Haltung eines solchen unschönen Vierfüßlers als Luxus-Hund für viele Menschen nichts Verlockendes mehr haben konnte. Solange der Pudel hauptsächlich Gebrauchshund war, mochte man sich noch darüber hinwegsetzen.

Erst seit sich in den letzten Jahrzehnten eine deutsche Kynologie entwickelte und deutsche Züchter sich mit Geschick und Ausdauer an die schöne Aufgabe der Veredelung des Pudels machten, gewinnt er wieder Schritt für Schritt das verlorene Terrain zurück, und besonders seit sich eine große Anzahl ernstgesinnter Pudelfreunde zu dem »Deutschen Pudelklub« zusammengeschlossen haben und hier mit vereinten Kräften in rühriger Weise und mit von Jahr zu Jahr steigenden Erfolgen für die Verbreitung des Pudels wirken, dürfen wir uns der gewissen Hoffnung hingeben, daß in nicht zu ferner Zeit unsere Lieblinge, welche heute schon an Qualität gegen keine fremde Rasse zurückzustehen brauchen, auch numerisch den ihnen gebührenden Rang einnehmen werden.

KAPITEL

2

Über den Pudel im allgemeinen

Kunststückchen machen Spaß und halten fit.

PETER SCHEITLIN, ein schweizerischer Gelehrter, Prediger und Schulmann, wurde geboren in St. Gallen am 4. März 1779 und starb ebenda am 17. Januar 1848. Seine geistvollste Arbeit ist der »Versuch einer vollständigen Tierseelenkunde«, 2 Bände, Stuttgart 1840, in welcher er eine schier unerschöpfliche Fülle von feinsinnigen Beobachtungen der Tierpsyche bietet. Insbesondere seine Schilderung des Pudels dürfte das Beste und Ausführlichste sein, was jemals über einen Hund geschrieben worden ist. Die an verschiedenen Stellen verstreuten Bemerkungen sind hier zu einem fortlaufenden Artikel vereinigt und nach dem Buch »Der Deutsche Pudel« von CLAUDIUS HÜTHER zitiert.

Der vollkommenste Hund ist der Pudel, und was Gescheidtes und Braves am Hunde gerühmt wird, bezieht sich vereinfacht auf ihn.

Was sagt man nicht alles von seinem Geruch, seinem Gedächtnis, seiner Treue bis in den Tod, seiner Geschicklichkeit, Künste zu lernen und wären es sogar die allerlistigsten Diebeskünste, Summen, Wörter zusammenzusetzen, im Tretrad zu gehen, Kartenkünste zu machen, sich krank und todt zu stellen, den Bratspiess zu drehen, ein Schachspiel mit seinem Herrn zu machen, vor Unglück und Gefahr zu warnen, Mörder zu verraten, Gestohlenes wieder zu holen, Verunglückte aus dem Wasser zu retten, im Notfall den schlafenden Herrn zu wecken, seinesgleichen, einen kranken Mithund zum Arzt zu führen, und diesen für den Kameraden zu bitten, jeden Tag zu erkennen, und am Sonnabend allfällige Vorkehrungen auf den Sonntag zu treffen u.s.w. Man kennt tausend wahre Anekdoten dieser Art.

Bemerkenswerte Eigenschaften

Jeder Pudel ist eine förmlich ausgebildete, abgeschlossene, selbständige Psyche, von äussern Umständen teilweise unabhängig. Er hat Eigenheiten, Sonderbarkeiten, Unerklärbarkeiten, Originalitäten, Genialitäten. Ohne Anleitung ist er schon viel und wird er viel.

Er lehrt sich selbst, ahmt den Menschen nach, drängt sich zum Lernen, liebt das Spiel, hat Launen, setzt sich etwas in den Kopf, will nichts lernen, tut dumm, empfindet Langeweile, will tätig sein, ist neugierig, kennt die Mienen- und die Augensprache u.s.w. Eigenwillig können einige allen Schmerz überwinden, andere nicht hassen, andere nicht lieben, einige können verzeihen, andere nie.

Sie können einander in Gefahren und zu Verrichtungen beistehen, zu Hilfe eilen, Mitleiden fühlen, lachen und weinen oder Thränen vergiessen, vor Freude jauchzen, aus Liebe zum verlornen Herrn trauern, hungern, verhungern, alle Wunden für ihn verachten, den Menschen ihresgleichen weit vorziehen und alle Begierden vor den Augen ihres Herrn im Zügel halten oder schweigen machen.

Ehrfühlig kann sich der Pudel schämen. Er kennt Raum und Zeit vortrefflich, kennt die Stimmen, den Ton der Glocke, den Schritt seines Herrn, die Art wie er klingelt; kurz, er ist ein halber, ein zweidrittel Mensch. Er benützt ja seinen Körper so gescheit als der Mensch den seinigen und wendet seinen Verstand für seine Zwecke vollkommen an. Doch mangelt ihm der dritte Dritteil.

Am ehesten sollten im Pudel allfällige Möglichkeiten, sich noch höher zu heben oder gehoben zu werden, als nicht unmöglich gedacht werden können.

An ihm ist alles Psyche. Er macht nichts dumm, als wenn er selbst es will. In allen andern Hundearten ist noch mehr Trieb, in ihm aber mehr Intelligenz. Wie rast der Jagdhund der Jagd zu, wie tobt er keuchend, athemlos dem Gewilde nach! Wie wütet die Dogge auf den Feind los, wie niederträchtig umrennt der Metzgerhund mit lächzender heraushängender Zunge und falschem Auge in halben Kreisen wie der Perpentikel einer Wanduhr mechanisch die vor ihm angstvoll trippelnden Kälber! Wie roh fällt er

»Wer ist der Stärkere?« Das Toben mit anderen Hunden ist auch für Pudel wichtig. (Kleinpudel apricot)

sie an, wenn sie sich auf die Seite verirren, wie gleichgiltig ist er gegen den Schmerz derselben, der ihm erst noch wohl zu gefallen scheint! Wie stürzt der Hühnerhund auf Vögel, hingerissen von der Wut sie zu erdrosseln!

Nichts von allem diesem Unedeln, Unwürdigen, Schimpflichen ist im Pudel, wenn er nicht verzogen worden, wenn man ihn, sei es auch nur naturgemäss, seinem eigenen Genius überlassen hat. Der Pudel ist von Natur gut. Jeder schlechte ist durch Menschen schlecht gemacht worden.

Fassen wir das Wichtigste und Entscheidenste, das ihn auf seiner Höhe vollständig Charakterisierende in folgende Angaben zusammen:

Der Pudel ist unter den Hunden am besten gebaut. Er hat die schönste Kopfform, den gewandtesten Leib, die schönste Gestalt, eine volle breite Brust, wohlgebaute Beine, ist nicht hoch und nicht niedrig, nicht lang und nicht kurz, und stellt sich am würdigsten dar. Schon körperlich ist er vorzugsweise zu allen Künsten geeignet. Tanzen kann er von selbst lernen, denn seine halbmenschliche Natur treibt ihn, sich an seinem Herrn aufzurichten, auf zwei Beine zu stellen und aufrecht zu gehen. Bald genug merkt er, dass er es könne und er tut's sehr oft von selbst, wenn er will.

Die Sinne

Sein Geschmacksinn ist fein, er unterscheidet zwischen Speisen sehr genau, er ist ein Leckermaul. Sein Geruchsinn ist berühmt. Man sagt, dass seine auseinandergefaltete Geruchshaut so gross sei, dass man damit seinen ganzen Körper überziehen könnte. Er kennt die Kleider seines Herrn durch den Geruchsinn, findet mit Hilfe desselben seine verlorene Spur. Gibt man ihm von einem verlornen Kinde einen Schuh u.s.w. zu riechen, so kann er mit der Festhaltung des Eindrucks in seiner Psyche das verlorne Kind finden von selbst; hat er's gefunden, so kommt er freudig mit Bellen die Anzeige zu machen, zerrt an Röcken, läuft voran und zeigt den Weg. Kaum jemals täuscht er sich. Ihm ist der Geruch besonders als Erkenntnisvermögen angewiesen.

Er fühlt auch fein, er ist für körperlichen Schmerz sehr empfindlich, er ist sehr wehleidig. Die kleinste Gefahr vor dem Prügel macht ihn ängstlich, der kleinste Schmerz zwingt ihm, wie dem Kinde einen Schrei ab. Sein Gehör ist vortrefflich. Von Weitem kennt er die Stimme, unterscheidet sie auch sinnlich, kennt den Unterschied der Glocken und Klingeln sehr gut, kennt die Manier und den Ton des Schrittes seiner Hausgenossen. Aber sein Gesichtssinn ist zurückgeblieben, er sieht nicht wohl. Es ist unter den Tieren ebenfalls keinem gar Alles, sondern nur irgend einem das Meiste gegeben. Er kennt seinen Herrn nur, wenn er ziemlich nahe ist und lässt sich bisweilen auch durch die Farbe der Kleidung, doch nur auf kurze Zeit täuschen. Erkennt er nicht bald den Blick, das Gesicht seines Herrn, so doch augenblicklich seine Stimme. (Das ist beim heutigen Pudel nicht wahrzunehmen; er sieht genau so, wie jeder andere Hund.)

Wir unterscheiden für's Sinnliche Raum- oder Ort-, Zeit-, Farben- und Tonsinn. Der Ortsinn ist im Pudel vortrefflich. Wie die Katze findet auch er den Weg nach Hause, Stunden und Tage weit her. Er läuft in der Stadt oder auf dem Lande willkürlich herum; er besucht, mit der Gewissheit zu finden, irgend ein Haus, in welchem er mit seinem Herrn, sei es auch nur einmal gewesen, wenn ihm daselbst wohlgetan worden ist, und besucht Nachmittags die Häuser, vor welchen Knochen liegen, ganz regelmässig. Darum kann er auch abgerichtet werden, Brod in der Bäckerei, Fleisch im Schlachthause zu holen.

Auffallend ist sein Zeitsinn. Er kennt die Tage und merkt an den Vorbereitungen des Samstags, dass der Sonntag komme. Er kennt, wie der hungrige Mensch, die Mittagsstunde, kennt auch die Schlachttage im Schlachthause, und läuft nur an solchen dahin. Eben sein Zeit- in Verbindung mit dem Gehörsinn macht ihm das Tanzen leicht möglich. Er hat Takt. So genau oder regelrecht jedoch, als der des Menschen, ist sein Takt nicht; es gibt aber auch viele Menschen, die aus Mangel an Zeitsinn nie Takt halten können.

Die Farben kennt er genau und unterscheidet die Dinge mit Hilfe derselben deutlich, doch ist sein Farbensinn noch völlig unästhetisch, und die Farbenharmonie ist sogar ihm noch völlig unbekannt. Ein Raphael ist ihm so gleichgültig als ein Schmierer.

Sonderbar ist der Eindruck der Musik auf ihn. Manche Instrumente kann er wohl leiden, manche gar nicht. Er zieht sich zusammen, macht einen Buckel, zieht den Schwanz zwischen die Beine, nimmt die möglichst unästhetische Stellung an und heult. Man vermutet, die Musik sei ihm peinigend.

Hier aber treten schon Verschiedenheiten auf, indem der eine Pudel

Pudel sind aufmerksam und neugierig.

solches Manöver gar nicht oder nur in sehr unbedeutendem Grade, oder nur bei Instrumenten macht, durch welche andere gar nicht agitirt werden. Es fragt sich, ob er nicht etwa auf seine Art accompagniren wolle. Zum Mitsingen ist er freilich nicht organisirt. Mancher fährt wild ins Sprachrohr hinein, wenn gegen ihn gesprochen wird. Andere fürchten sich wie Kinder vor dessen hohlem Tone und verbergen sich.

Pudel und manche andere Hunde bellen das kugelrunde Mondlicht lange an, werden ärgerlich. Es ist glaublich, dass das Vollmondslicht beängstigend auf den Organismus einzelner Hunde, wie auf Pflanzen und Menschen einwirke, es gibt ja wirklich mondsüchtige Hunde. Das ist das wenige lunarisch Tellurische, was der Hund noch vergleichungsweise an sich hat.

Seine Stimme ist ein Gebell, seine Töne sind artikulirt, isolirt, von einander abgerissen; es kommen darin schon die weichsten Mitlauter, aber in der weichsten Qualität vor. Man hat ihn auch schon sprechen, d.h. einzelne Worte nachsagen gelehrt. (Scheitlin denkt hier an eine Reihe von Schriften aus dem Anfange des 18. Jahrhunderts, in welchem redende Hunde erwähnt werden. Der berühmte Philosoph Leibniz soll zur selben Zeit sogar einen diesbezüglichen Bericht an die französische Akademie erstattet haben, in dem er ausführlich einen Hund schildert, der die Worte Elisabeth, Lakai, Salat, Thee, Kaffee und Chocolade deutlich aussprechen konnte.

Es handelte sich hiebei durchaus nicht um ein Bauchrednerkunststückchen, sondern der Besitzer des Tieres das bei jeder Berührung knurrte, drückte den Kehlkopf und Schlund des Hundes so geschickt zusammen, dass statt dieses Knurrens artikulierte Laute hörbar wurden.)

Der Pudel hat ein ausserordentlich gutes scharfes Auffassungs- oder Wahrnehmungsvermögen. Nichts entgeht seinem Geruch-, Gehör- und wenn es in seinem engen Kreise liegt, seinem Gesichtssinn. Darum schon heisst er gescheit. Er ist ganz Beobachtungskunst (ars observandi) und taugt darin zu einem Naturforscher ganz ausserordentlich. Wie passt er auf's Wort seines Herrn! Wie fasst er den Stein, den sein Herr emporhält und den er werfen wird, ins Auge! Wie schaut er ihm durch die Luft nach und nimmt des heruntergefallenen Sprünge auf der Erde wahr!

Wie schnell bemerkt er, dass sein Herr einen andern Rock anziehe, den Hut nehme, den Stock ergreife! Wie guckt er ihn an, guckt ihm in die Augen, ob ihm diese erlauben mitzuspazieren? Wie rennt er, wenn ihm Erlaubnis zugewinkt ist, zur Thüre hinaus. Wie oft schaut er zurück, ob er komme oder nicht; wie gafft er auf dem Spaziergange immer rechts und links um sich; wie schnell hat er Katzen oder Vögel wahrgenommen?

Wie läuft er immer voran und auf die Seiten hinaus, voraus oder vorbeigänglich so viel als möglich zu sehen! Wie läuft er immer in die Häuser am Weg hinein und Treppen auf und ab, um alles auszukundschaften! Er steht oft stille und schaut sich um; macht sein Herr nur Miene, einen andern Weg zu gehen, wie eilt er zurück! Ist er einen andern Weg gegangen, und hat er ihn aus den Augen verloren, so sucht er ihn auf Wegen, die er noch niemals gegangen! Er ist lauter Aufmerksamkeit mit dem Triebe zu finden oder Spürsinn für Menschen, Tiere und Sachen.

Wissbegierig kann er nicht sein, denn die Wissbegierde geht auf Zusammenhang, auf Erklärungen aus Gründen und Ursachen, auf den Übergang von diesen zu den Folgen und Wirkungen. Sogar er verbindet nicht, sondern geht nur auf's Einzelne und bleibt nur im Einzelnen, dennoch sucht er bisweilen zum Einzelnen den Grund und ahnt er eine Wirkung des Geschehenen oder einer Ursache. Das Nehmen des Rockes, Hutes und Stockes verbindet er augenblicklich mit Spazieren, und das Spazieren ruft in ihm die Ahnung eines Vergnügens hervor. So hat er doch eine Voraussicht, wie er bei den Samstagsbeschäftigungen den Sonntag voraussieht. Sinnliches prophezeihen!

Erinnern wir uns erst noch seines treuen Gedächtnisses und seiner lebhaften Phantasie. Alles zusammen muss ihm viel Gescheitheit geben. Jahrelang bleibt ihm die Form und Farbe seines Herrn in der Seele, jahrelang verliert er den Weg irgend wo hin nicht aus ihr. Sein Gedächtnis ist so gross als sein Geruchssinn; dieses sind seine beiden grössten Kräfte oder Erkenntnisvermögen.

Man nennt den Hund oft schon wegen seines unterscheidenden Geruchssinnes gescheit, wie viel mehr wird man ihn wegen seines treuen Gedächtnisses gescheit nennen, da man ja im täglichen Leben jedes Kind mit grossem Gedächtnis gescheit nennt und selbst einen dummen Gelehrten, d.h. Vielwisser, für gescheit hält. Dass zur Äusserung des Verstandes Gedächtnis, als Vermögen den Stoff zu bewahren, und Erinnerungskraft als Vermögen ihn hervorzuholen nötig ist, versteht sich, weil ja eben diese dem Verstande den Stoff geben, ohne Stoff aber nichts ausgesprochen werden kann. Eben sein Gedächtnis mit Erinnerungs- und Einbildungskraft vermitteln in ihm den Gedanken an den Spaziergang und die Freude daran.

Wie lebhaft ist sein Traum? Er knurrt, bellt und zankt im Traum, und wird von Hunden, gegen die er sich wehren muss, herumgezaust.

Er beisst um sich. Ihn träumt allerdings nur Hündisches, nur Halbmenschliches. Dem Gartenwurm und Schmetterling träumt gewiss noch nicht.

Gelehrigkeit

Ist er einmal angeleitet worden, den Sinn der Worte: Hol mir die Pantoffeln – den Hut – den Stock; thue die Türe zu! stehe auf, lege dich! Wie spricht der Hund? u.s.w. zu verstehen, so vergisst er sie nimmer. Sieht er den Herrn die Stiefel ausziehen, so erinnert er sich, selbst wenn er durch Zwischen-Schicksale jahrelang von diesem Herrn getrennt gewesen wäre.

Pudel können die tollsten Dinge erlernen.

Hierin eben liegt seine Belehrbarkeit, doch bedarf er dazu auch Geduld, Gutmütigkeit und Folgsamkeit. Er kann wirklich trommeln, Pistolen abschiessen, an Leitern heraufklettern, vereint mit einer Schaar anderer Hunde eine Höhe, die von einer anderen Schaar verteidigt wird, erstürmen, und mit Kameraden eine Komödie spielen lernen. Einer macht den Arzt, ein anderer den Patienten, beide gehen aufrecht, der Kranke streckt sich nieder, tut elend, der Arzt kommt und fühlt ihm auf den Puls; der Kranke stirbt, er liegt wie tot, der Arzt geht, kommt wieder, zieht ihn am Schwanze, er mukst sich nicht und bewegt sich nicht. Aufs Wort: »Der Henker kommt dich zu holen!« springt er wieder auf.

Wir wissen, dass man auch nur

Pferde und Elephanten, aber nur diese, Ähnliches und Gleiches lehren kann. Vermutlich lernten es auch die gescheidtern Affen. Man kann es auch schon sehr kleine Kinder lehren. Wer hätte a priori geglaubt, dass man Tiere die Verstellung und Heuchelei lehren könne? Die untersten Tierarten können nicht getäuscht werden, die mittleren können getäuscht werden, die vollkommenen können täuschen.

Mehrere können uns willkürlich durch ihre von uns nicht verstandenen Naturtriebe täuschen, die Pudel täuschen uns ohne Naturtrieb und Anweisung der Natur, rein nur durch ihre Intelligenz, durch ihren Willen, durch ihre Geschicklichkeit, d.h. durch ihren Herrn, dessen Intelligenz, Willen und Geschicklichkeit in ihre Psyche übergegangen ist. Eben solches Übergehenmachen nennt man lehren, bilden, erziehen.

Zwei Dinge kommen noch dazu; des Pudels Nachahmungslust und sein Ehrgefühl, d.h. Eitelkeit. Immer schaut er seinen Herrn an, immer schaut er, was er tue, immer will er ihm zu Dienste stehen, er ist der rechte Augendiener. Er denkt wie ein Kind vom Vater, was dieser tue, sei recht, er müsse oder dürfe es ebenfalls tun.

Nimmt der Herr eine Griffkegelkugel, so nimmt er zwischen seine Pfoten auch eine, will sie anbeissen, und plagt sich, wenn's ihm nicht gelingen will. Sucht er, mineralogisirend, Steine, so sucht auch er Steine. Gräbt der Herr irgendwo, so fängt auch er mit den Pfoten zu graben an. Tritt der Herr auf die Seite, ein Bedürfnis zu lösen, so eilt er hiezu, das gleiche zu tun. Sitzt der Herr am Fenster und schaut die Aussicht an, so springt auch er auf die Bank neben den Herrn, legt beide Tatzen auf's Gesimse und guckt, allerdings ziemlich gedankenlos, ebenfalls in die schöne Aussicht hinaus.

Er will auch einen Stock oder Korb tragen, weil er den Herrn oder die Köchin solche tragen sieht. Er trägt ihn sorgfältig, stellt sich vor die Leute hin, geht von einer Person zur andern, zu zeigen wie geschickt er sei und wedelt mit dem Schwanze selbstgefällig. Rühmt man ihn, so will er nicht abgehen, und stellt sich mehrmals dar. Während des Tragens nimmt er von andern Hunden wenig Notitz. Er scheint sie als Taugenichtse zu verachten, ihn aber scheinen sie zu achten, denn es ist auffallend, wie die meisten, wenn er etwas trägt, vor ihm weichen, und falls sie ihn in der Dunkelheit anfallen wollen, wie vor einer gespenstischen Gestalt zurückprallen.

Legt er aber irgendwo, um etwa einer Katze nachzurennen, den Stock oder Korb nieder, so kann er ihn allerdings nicht mehr schulgerecht wieder an- und auffassen, hat auch wohl in der Leidenschaft vergessen, wo er ihn niederlegte, merkt die Folge seines Affekts, seine Fahrlässigkeit, und folgt dem Herrn nicht ohne Kummer nur von weiten nach. Entdeckt dieser seinen Fehler, so muss er allerdings suchen, bis er gefunden hat, und er findet das irgendwo Hingelegte gewiss wieder, nur äussert er endlich, wenn er lange suchen muß, Langeweile.

Wir nehmen aber wahr, dass er, sobald er sich wieder in der Nähe des Verlornen erkennt, eifriger herumrennt, und wenn ers doch nicht gefunden hat, fröhlicher zum Herrn

Stöckchenholen macht Spaß. (Kleinpudel schwarz)

kommen will, als ob er denke, er habe nun genug getan. Hat er's aber gefunden, so rennt er damit freudig zum Herrn, wohl wissend, dass er selbst nun seinen Fehler gut gemacht habe. Wie hoch steht er! Wie wohl organisirt ist seine Psyche!

Der Pudel ist der geachteste (aber nicht gefürchteste) und geliebteste Hund, auch weil er der gutmütigste ist. Kindern ist er ganz besonders lieb, weil er sich auf jede Weise necken, auf sich reiten, sich zupfen und zerren lässt, ohne nur zu knurren, zu beissen und ungeduldig zu werden.

Wie gefrässig er ist und in seinem eigenen Hause stets die Küche sucht, und darin der Köchin bald gewogen wird, neidisch andern Haustieren alles hastig wegfrisst, nur damit sie es nicht haben, und wenn er auch wissen kann, dass er alles von sich wieder geben müsse (denn der Neid tut auch ihm nicht wohl), fremde Häuser und Küchen aufsucht, auf der Strasse Knochen sucht, auf den Miststätten stöbert, auf Tische springt und aus Küchenkasten Wurst und Braten, seine Lieblingsspeisen, stiehlt, so kann man ihm doch Wurst und Braten tief aus seinem Rachen wieder hervorholen, was bei sehr wenigen Hunden zulässig ist, denn nur wenig lassen sich das Fressen wegnehmen.

Den, der ihn einmal geschoren, kennt er für sein ganzes Leben und schaut ihn drum an, wo er ihn antrifft. Kommt er nach Jahresfrist wieder ins Haus, um ihn wieder zu scheeren, so kennt er ihn augenblicklich und verbirgt sich. Er will nicht geschoren sein. Aber seinen Mann kennend, lässt er sich willig aus dem Winkel und Dunkel hervorziehen, und fügt sich ohne Widerspruch in die Notwendigkeit. So macht ers auch, wenn er sich einer Operation unterwerfen muß. Kein Tier erkennt so schnell die Meisterschaft des Menschen, dass er diesem gehorchen soll und müsse, und dass Gehorsam für ihn das Beste sei.

Sehr artig ist zu sehen, wie er seinen Herrn sucht. Er läuft mit gesenktem Kopfe die Strasse lang, steht still, besinnt sich, kehrt wieder um, steht an einem andern Ende der Strasse wieder still, denkt mehr als er schaut, beschreibt Diagonalen, um schneller irgendwo zu sein, und kennt demnach das Medium oder Tertium wie ein Geometer.

Artig zu sehen ist auch, wie er, wenn er auslaufen will und nicht soll, seinen Herrn überlisten will, wie er ihm zu entschleichen sucht, tut als ob er nicht fort wolle, wenn man ihn nicht anschaut, plötzlich den Reißaus nimmt, oder mit füchsischer, überhündischer List an der Wand ein Bein hebt, als ob er pissen müsse, damit man ihn sogar herausjage, und wenn man ihn heraus jagt, augenblicklich, ohne irgendwo zu pissen, zum Schlachthause oder zu einer seiner Dirnen läuft, wenn man ihm aber nicht glaubt, endlich alle Hoffnung, entwischen zu können, aufgibt, mit vollkommener Resignation sich unter den Tisch legt, und das Pissen unterlässt und vergisst. Er hat vollkommen so wie ein Mensch gelogen.

Nicht selten verwundern sich Kinder, Landleute und andere Unwissende oder Nichtdenker über den Verstand des Pudels, unterscheiden zwischen dem, was er von sich aus tut, und was er eingelernt hat, nicht, und legen ihm menschliche Verstandesgeschicklichkeit bei. Wirklich nimmt es uns nicht Wunder, wenn sie sich täuschen, denn kein Mensch ist im Beobachten der Umstände geschickter, keiner schaut den Menschen achtsamer an, keiner bittet anständiger und ausdrucksvoller mit seinen Händen, keiner äussert seine Ungeduld, wenn man ihn nicht berücksichtigt, besser, keiner kann seinen Geruchsinn so in Verstand oder in den Schein des Verstandes verwandeln.

Man kann seinen Geruch und Verstand miteinander prüfen, wenn man, von ihm unbeobachtet, die eine innere Handfläche z.B. mit Eierkuchen reibt, und in die andere wirklich ein Stück Eierkuchen nimmt, die Hände zuschliesst, und ihm beide Fäuste nebeneinander vor die Nase hält. Er riecht an beiden, ist eine Weile unschlüssig, und legt endlich, seiner Sache sicher, seine Pfote gar nett auf die Faust mit dem wirklichen Inhalt. Er prüft vorher sorgfältig, ehe er entscheidet; und er will sich nicht täuschen und auch nicht ausgelacht werden.

Mit Prügeln kann man dem Pudel nichts lehren. Er wird nur ängstlich, verwirrt, tut's immer weniger, kann's wie ein Kind, das weinend lernen muss, immer weniger, doch listig tut er auch bisweilen ganz dumm. Mit Gutem kann man ihn sogar ans Widrige gewöhnen, z.B. auf den Vorderfüssen zu gehen oder Branntwein zu trinken.

Am liebsten ist ihm Fleisch, Wurst, Braten; Gemüse liebt er nicht, Brod lässt er liegen. Einzelne fressen gern Salat, Äpfel, Zucker, Eier. Aus einem Glase zu trinken, wollen sie lange nicht lernen. Es ist, als ob die Wasserscheue in ihrer Natur liege, und sie das wasserklare Glas einer Disposition wegen scheuen. Auffallend ist die Neigung einzelner zur Milch und zum Brode, noch auffallender die zum Kaffee. Mehrere Pudel werden und sind so recht eigentliche Kaffeefraubasen und ziehen ihn unbedingt allem Andern vor. Beim Früh- und Abendtrinken bringen sie schnell ihr Becherlein herzu.

KAPITEL

3

Beginn der Pudelzucht in Deutschland

Gemischte Gruppe im Grünen: Großpudel apricot und weiße Zwergpudel

In Deutschland begann nun zur Wende des 19. zum 20. Jahrhundert der Start der geregelten Pudelzucht. Mit Engagement setzte man sich für die Förderung und Verbesserung der Rasse ein. Ein großer Befürworter, der die Bestrebungen des Deutschen Pudel-Klubs mit Interesse verfolgte, war der FÜRST VON BÜLOW.

Schon 1902 wagte man sich trotz schwerer finanzieller Einschränkungen an die Herausgabe eines kleinen Buches »Der Pudel«, verfaßt von Herrn NEISS, heran.

Dieses kleine Buch hat viel zum Anfangserfolg und zur Mehrung dieser Rasse in Deutschland beigetragen.

1902 erfolgt dann auch die Umbenennung in »Deutscher Pudelklub«, der am 26. Juli 1904 als »Deutscher Pudel-Klub, Sitz München« in das Vereinsregister des Amtsgerichts München eingetragen wurde.

Erstes Stammbuch

Im gleichen Jahr erschien das erste Deutsche Pudel-Stammbuch, in dem F. Wirth als Stammbuchführer und Mitbegründer stolz seinen »Karo W. II.« als ersten registrierten Pudel eintrug. Zweck dieses Klubs war, »die Ausbreitung des Pudels mit allen Kräften zu fördern und das Verständnis für seine Reinzucht und sachgemäße Pflege in immer weitere Kreise zu tragen«.

1906 erfolgte dann ein Zusammenschluß im gesamten deutschen Hundewesen, dessen endgültige Bezeichnung aufgrund politischer Gründe nach verschiedenen Benennungen endgültig am 11. 6. 1949 als »Verband für das Deutsche Hundewesen« (VDH) eingetragen wurde.

Schon Ende der 20er Jahre züchtete man Pudel von hoher Qualität, nachdem man sich aus dem Ausland erbstarke, ausgeprägte Tiere zur Blutauffrischung holte. Zu Weltruf in dieser Zeit trug der Zwinger »Sirius« wesentlich bei. Sirius-Blut hat zum Erfolg beim Aufbau der französischen, englischen sowie auch amerikanischen Zucht erheblich beigetragen.

Zwergpudelrüde silber

Im Jahr 1921 führte der DPK in Hamburg eine Zuchtschau mit bereits 120 Tieren durch, die teilweise schon wahrhaft edle Zuchtprodukte von vollendeter Schönheit waren.

Schon lange vor dem Zweiten Weltkrieg wurde ein neues Aussehen für den Pudel entwickelt, der sogenannte Karakul-Schnitt, der jedoch vom NS-Regime verboten wurde.

Hatte man nach dem Ersten Weltkrieg die Pudelzucht erfolgreich aufgebaut, so mußte man nach dem Zweiten Weltkrieg und der darauffolgenden schweren Nachkriegszeit fast von vorne anfangen.

Viele Pudelbesitzer hielten trotz Verbots des NS-Regimes an dem Karakul-Schnitt fest und mußten damals hinnehmen, daß ihre Pudel als Bastarde bezeichnet und ihnen ein Zuchtverbot auferlegt wurde. So war nach Ende des Krieges von der deutschen Pudelzucht nicht mehr sehr viel übriggeblieben.

Neubeginn

Zu dieser Zeit hieß es, mit der Pudelzucht wieder einmal fast von vorne zu beginnen, und einige noch vorhandene Zwinger bauten sich nach und nach ihre Zucht wieder

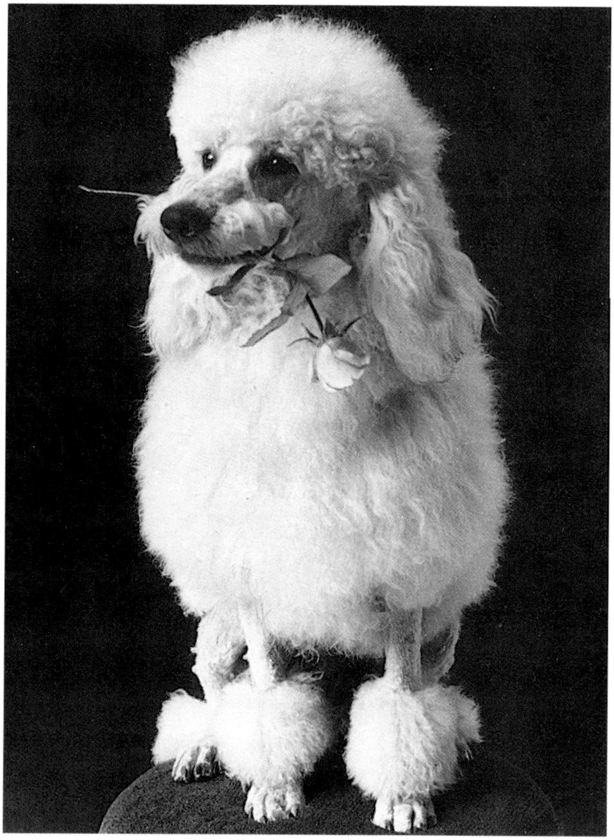

Großpudelrüde weiß, Standardschur, aus dem Jahre 1957

auf. Man verschaffte sich nun wieder im Ausland einen Überblick über das dortige Zuchtmaterial. So wurden aus dem Ausland, überwiegend aus England und den USA, Zuchttiere importiert.

Der Pudel entwickelte sich schnell zu einer der beliebtesten Hunderassen. Nach jahrelangen Bemühungen gelang es dem Deutschen Pudel-Klub, daß die Farbe Silber 1965 endlich internationale Anerkennung durch das standardführende Land Frankreich fand. Weitere zehn Jahre dauerte es dann noch, bis die Farbe Apricot in den Standard aufgenommen wurde.

Neue Schurarten

Es war auch dem Bemühen des Deutschen Pudel-Klub zu verdanken, daß das standardführende Land Frankreich nachgab und die »Modeschur« als Neue Schur in den Standard aufnahm. Auch der Puppyclip war ursprünglich nur für die Jüngsten- und Jugendklassen zugelassen, jedoch fand diese ansprechende Schurart immer mehr Gefallen unter den Pudelfreunden. 1987 war es durch Mitwirken engagierter DPK-Mitglieder endlich gelungen, daß auch diese Schurart für alle Klassen im gesamten FCI-Bereich anerkannt wurde. Neben der »Neuen Schur« erfreut sich diese Schurart auch bei vielen »außenstehenden« Pudelliebhabern immer größerer Beliebtheit.

Waren es nach dem Krieg jahrzehntelang die Kleinpudel, die ihren Siegeszug antreten konnten, so zeigte sich jetzt ein großer Trend hin zu den Zwergpudeln. Seit 1985 ist als vierte Größe offiziell der Toypudel hinzugekommen, der ebenfalls ein vielbegehrter Begleiter geworden ist. Doch auch der Großpudel ist wieder im Trend gestiegen. Infolge der immer stärker werdenden Beliebtheit des Pudels in Deutschland entstanden in den darauffolgenden Jahren noch vier weitere Pudel-Klubs, die neben dem DPK, dem ältesten und größten Pudelklub innerhalb der FCI, dem VDH angehören: VDP, PZV und ADP (Adressen im Anhang, siehe Seite 112).

KAPITEL 4

Der Steckbrief des Pudels

Charakter und Eigenschaften

Wegen seiner vielen hervorstechenden guten Eigenschaften und seiner Intelligenz liebten schon viele berühmte Leute den Rassehund Pudel.

Zwergpudel harlekin

JOHANN WOLFGANG VON GOETHE setzte in »Faust« dem Pudel ein Denkmal, und auch CHRISTIAN MORGENSTERN schrieb ein Gedicht über diesen besonderen Hund. LUDWIG VAN BEETHOVEN komponierte eine Elegie auf den Tod seines Pudels.

Auch ARTHUR SCHOPENHAUER, HEINRICH HEINE und ALBRECHT DÜRER sowie RICHARD WAGNER konnten dem Charme des Pudels nicht widerstehen.

Aber auch Menschen des 20. Jahrhunderts waren vernarrt in diesen Hund, wie zum Beispiel: GRACIA PATRICIA von Monaco (sie besaß einen Apricot-Toypudel), PROF. BERNHARD GRZIMEK, bekannt durch seine Tiersendungen im Fernsehen, HELMUT SCHÖN, langjähriger Trainer der Fußballnationalmannschaft, und last but not least MICHAEL GORBATSCHOW.

Daß der Pudel zu Recht so bewundert wird, beweist eine Studie des Amerikaners STANLEY COREN, mehrfacher Hundebesitzer, Hobbyhundeausbilder und Professor für Humanpsychologie an einer kanadischen Universität (Focus, Heft 16/1994). STANLEY COREN unterzog 133 Hunderassen zwei Tests: Er untersuchte 1. die Arbeitsintelligenz des Hundes, das bedeutet: »Was

Zwergpudel black and tan

kann ein Hund für den Menschen leisten?« und 2. die adaptive Intelligenz, damit ist gemeint: »Was kann und tut der Hund von sich aus, alleine?«

Beim ersten Test errang der Pudel (unter 133 untersuchten Hunderassen!) den zweiten Platz, der zweite Test ergab sechs Rassen gleichrangig auf dem ersten Platz. Der Pudel war natürlich auf dem ersten Platz dabei!

Somit ist wissenschaftlich bewiesen, daß der Pudel wirklich über eine herausragende Intelligenz und Merkfähigkeit verfügt. Deshalb wurde er auch schon jahrhundertelang als Zirkushund bemüht, denn er ist ein Meister im Ausführen von Kunststücken.

Zum Spielen und Herumtollen ist der Pudel stets aufgelegt, und die Wünsche seines Herrn erfüllt er immer mit Freude. Aber der Pudel eignet sich nicht nur zum »Clown«, sondern ließe sich auch heute noch zur Jagd ausbilden und ist ein erstklassiger Wächter. Auch seiner vortrefflichen Nase und seinen wachsamen Augen entgeht nichts. Er ist immer arbeitswillig und außerordentlich lenkbar.

Andererseits ist der Pudel aber auch sehr sensibel und empfindsam. Ein lautes Wort, und schon ist er beleidigt.

Pudel haben eine hohe Lebenserwartung und können, im Vergleich zu anderen Rassen, recht alt werden.

Ein weiteres Charakteristikum ist das Fell des Pudels: es haart nicht, was sehr praktisch ist, muß aber regelmäßig gebürstet und alle paar Wochen fachmännisch geschoren werden.

Hier noch ein Zitat der Pudelexpertin Hayes Blake Hoyt: »Pudel lassen sich nie auf einen Menschen oder ein Tier hetzen, sie schauen jemanden, der das tun will, nur verständnislos an!«

Größen, Farben und Schurarten

Man unterscheidet beim Pudel vier verschiedene Größen. Gemessen wird die sogenannte Widerristhöhe (vom Boden senkrecht bis zur Schulter).

Großpudel:	45–60 cm (bis 62 cm wird toleriert)
Kleinpudel:	35–45 cm
Zwergpudel:	28–35 cm
Toypudel:	unter 28 cm (Idealgröße 25–26 cm)

Für den Großpudel und den Kleinpudel gibt es im Volksmund auch die Namen »Königspudel« und »Mittelpudel«. Diese Bezeichnungen sind aber bei Fachleuten der Pudelzuchtverbände nicht üblich.

Gezüchtet wird der Pudel in der BRD zur Zeit in den Farben Schwarz, Weiß, Apricot, Silber (Grau) und Braun sowie im Sonderregister des Deutschen Pudel-Klubs (DPK) auch noch in Red (Rot), Schwarzweiß gescheckt (Harlekin) und Schwarz-Lohfarben (Black and tan).

Pudel werden heutzutage in den folgenden Schurarten geschoren:

Modeschur

Sie ist zur Zeit die gebräuchlichste Schur, jeder Pudelsalon sollte sie beherrschen. Auf Ausstellungen ist die Modeschur erlaubt, allerdings seit vielen Jahren schon ohne Bart. (Die meisten Pudelbesitzer lassen ihren Hund auch heute noch mit Bart schneiden.)

Puppyschur

Korrekt heißt sie Second-Puppy-Clip, Junghundeschur. Auf Ausstellungen werden die meisten Pudel in dieser Schurart gezeigt, da sie auch meist von den Richtern bevorzugt wird. Das Kopfhaar wird dabei mit einem sogenannten »Topknot« zu-

Modeschur (weißer Großpudel)

Puppy-Clip (schwarzer Großpudel)

manche Züchter ihren Hund zwar in Puppyschur aus, die Krone ist aber kurz geschnitten, was jetzt von den Ausstellungsrichtern toleriert wird.

Standardschur

Die althergebrachte Standardschur, auch Löwenschur genannt, ist bei Ausstellungen ziemlich aus der Mode gekommen. Sie wirkt heutzutage antiquiert und gefällt wegen des kahlgeschorenen »Hinterteils« des Pudels ohnehin nicht jedem Pudelfreund.

sammengehalten und zu einer Art Löwenmähne frisiert.

Da die Haare auf dem Kopf enorm lang sein müssen und sehr, sehr viel Pflege erfordern (sie werden meist außerhalb der Ausstellungen zu Zöpfen geflochten), stellen

Saddle-Clip und Continental-Clip

Der Saddle Clip (auch Englische Schur genannt) sowie der Continental-Clip sind auf deutschen Aus-

Standardschur (Zwergpudel und zwei Kleinpudel, weiß)

stellungen nur sehr selten zu sehen. Die beiden Schurarten werden aber in England und den USA bevorzugt.

Karakulschur

Die Karakulschur wurde von Hans Thum kreiert und war in den 50er und 60er Jahren aktuell. Sie ist auf Ausstellungen nicht mehr zugelassen und daher auch vollständig aus der Mode gekommen.

Englischer Saddle Clip (links), Continental-Clip (unten links) und Karakulschur

KAPITEL 5

Der Rassestandard des Pudels

FCI-Nummer: 172/9.2
Herkunftsland: Frankreich

Großpudelhündin apricot, zwei Jahre alt

Allgemeinerscheinung und Veranlagung

Rassemerkmale

Harmonisch, ohne jegliche Übertreibung gestalteter Begleithund mit charakteristisch gekräuseltem oder geschnürtem Haarkleid. Der Pudel soll den Eindruck eines intelligenten, stets wachsamen, munteren und harmonisch proportionierten Hundes machen, dessen Erscheinung durch Anmut und Stolz geprägt wird.

Der Pudel zeigt ein tänzelndes und leichtes Gangwerk, das nie fließend und ausgreifend sein darf.

Er zeichnet sich durch seine Treue, Gelehrigkeit und Ausbildungsfähigkeit aus, was ihn zum besonders angenehmen Begleithund macht.

Kopf

Edel, geradlinig, zum Körper proportioniert. Seine Länge soll etwas mehr als zwei Fünftel der Widerristhöhe ausmachen. Er darf weder schwer noch massiv wirken, aber auch nicht übertrieben fein sein. Er soll trocken und wie gemeißelt scheinen.

Nasenspiegel

Betont und gut entwickelt, mit senkrecht verlaufender Profillinie; Nasenlöcher gut geöffnet. Bei schwarzen, weißen und silbergrauen Hunden ist der Nasenspiegel schwarz, braun bei den braunen.

Fang

Oberes Profil geradlinig, Länge des Fangs im Verhältnis zum Schädel: 9 zu 10. Die beiden Kieferarme verlaufen fast parallel. Der Fang erscheint kräftig und edel, jedoch nicht spitz. Das untere Profil wird durch die Kiefer, nicht durch den Rand der Oberlippe bestimmt.

Lefzen

Leicht entwickelt, eher trocken, von mittlerer Dicke. Die Oberlippe ruht auf der Unterlippe, ohne zu überhängen. Schwarz bei schwarzen, weißen und silbergrauen Hunden, durchgefärbt bei braunen, von dunkelkastanienbraun bis schwarz beim Apricot-Pudel, wobei die letztgenannte Farbe nicht vorgezogen, jedoch zugelassen wird, um einer Pigmentverblassung entgegenzuwirken.

Der Lippenwinkel darf nicht ausgeprägt sein.

Gebiß

Normal schließend (Scherengebiß); Zähne kräftig.

Backen

Nicht hervortretend, den Knochen anliegend.

Stirnabsatz (Stop)

Sehr wenig ausgeprägt, entsprechend der jeglicher Übertreibung entbehrenden Gesamterscheinung.

Hirnschädel

Gut geformt. Seine Breite beträgt weniger als die Hälfte der Kopflänge (die Seitenlinie bildet mit der Längsachse einen Winkel von 16–19°). Von oben gesehen erscheint der Hirnschädel in der Längsachse oval, im Profil leicht konvex. Die Seitenlinien sind leicht divergierend.

Stirnhöcker

Mäßig betont, mit langem Haar bedeckt.

*Das Scherengebiß **a** ist für die Zucht Voraussetzung; Aufbiß **b**, Vorbiß **c** und Überbiß **d** sind fehlerhaft.*

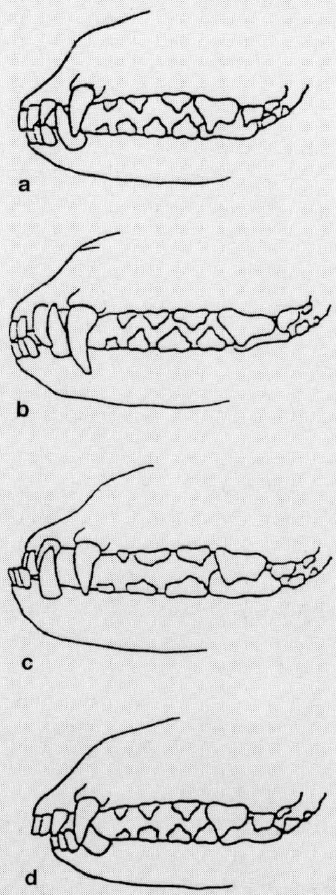

Das korrekte und vollständige Gebiß des Pudels

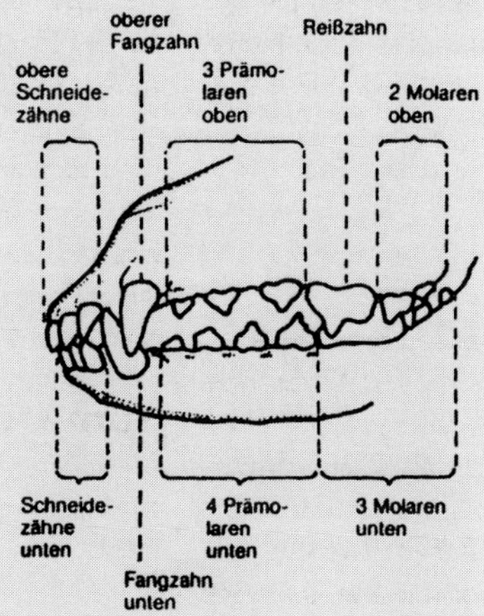

Stirnfurche

Breit zwischen den Augen, gegen den stark ausgeprägten Hinterhauptstachel abnehmend. (Beim Zwergpudel darf der Hinterhauptstachel weniger betont sein.)

Augen

Lebhafter Ausdruck. In Höhe des Stirnabsatzes und leicht schräg liegend. Lidöffnung oval. Beim schwarzen, weißen und silbergrauen Pudel soll das Auge schwarz oder tief dunkelbraun sein, braune dürfen ein bernsteinfarbenes haben.

Ohren

Ziemlich lang und seitlich der Backen herabfallend. Ansatz auf der Höhe einer Linie liegend, die dem oberen Profil der Nasenkuppe entspringt und unterhalb des äußeren Augenwinkels nach hinten verläuft.

Flach, unterhalb des Ansatzes breiter, mit abgerundeter Spitze, mit langem, welligem Haar bedeckt. Pudel, deren Ohren nicht bis zum Lippenwinkel reichen, dürfen nicht mit »vorzüglich« bewertet werden.

Hals

Fest, Nackenlinie leicht gewölbt, von mittlerer Länge, gut proportioniert, den Kopf hoch und stolz tragend. Keine Wammenbildung. Im Schnitt erscheint der Hals oval. Seine Länge soll kürzer als diejenige des Kopfes sein.

Vorder-gliedmaßen

Schulter und Oberarm

Mäßig entwickelter Widerrist. Schultern schräg liegend, gut bemuskelt; das Schulterblatt soll mit dem Oberarm einen Winkel von 90–100° bilden. Die Länge des Oberarms entspricht derjenigen des Schulterblattes.

Unterarm

Die Vorderläufe sind vollkommen gerade und parallel gestellt, elegant, gut bemuskelt und mit guten Knochen. Vom Ellbogenhöcker bis zum Boden gemessen, beträgt die Länge 5/9 der Widerristhöhe.

Vorderfußwurzelgelenk

Liegt in der Verlängerung des Unterarms.

Vordermittelfuß

Kräftig, aber nicht grob, von der Seite gesehen fast gerade.

Pfoten

Eher klein, geschlossen, ein kurzes Oval bildend. Zehen gut gewölbt (aufgeknöchelt), sehnig, kompakt, durch eine interdigitale Haut (Schwimmhaut) verbunden, senkrecht auf harten und dicken Ballen stehend.

Nägel schwarz bei schwarzen und silbergrauen Hunden, schwarz oder braun bei braunen.

Beim weißen Pudel können die Nägel hornfarbig oder von verschiedener Pigmentierungsintensität, inklusive schwarz, sein und der allgemeinen Pigmentierung entsprechen.

Beim Apricot-Pudel sind die Nägel braun, und zwar in allen Intensitätsstufen von dunkelbraun bis schwarz, wobei letzteres nicht vorgezogen, jedoch zugelassen wird.

Rumpf

Der Körper des Pudels ist wohl proportioniert; die Länge des Körpers übertrifft in der Regel die Widerristhöhe.

Vorbrust

Normal, entsprechend einem ohne jegliche Übertreibung gebauten Hund. Die Spitze des Brustbeines soll leicht hervortreten und ausreichend hoch liegen, um eine hohe, graziöse und edle Kopfhaltung zu gewährleisten.

Brustkorb

Bis zu den Ellbogen reichend. In der Breite 2/3 der Höhe entsprechend (von der Wirbelsäule bis zum Brustbein). Der Brustumfang soll, hinter den Schultern gemessen, die Widerristhöhe um mindestens 10 cm übertreffen.

Rippen

Ovales Rippenschiff, im Rückenteil breiter.

Rücken

Kurz, von harmonischer Linienführung. Weder Karpfen- noch Senkrücken. Widerrist und Kruppe sollen ziemlich genau auf derselben Höhe liegen.

Lenden

Fest und bemuskelt.

Bauch und Flanken

Aufgezogen, ohne windhundartig zu wirken.

Kruppe

Gerundet, jedoch nicht abfallend.

Rute

Ziemlich hoch, auf der Höhe der Lendenlinie, angesetzt. Beim Wollpudel sollte sie bis auf ein Drittel oder zur Hälfte ihrer Länge gestutzt werden. Eine lange, gut getragene Rute ist jedoch nicht als Fehler anzusehen. Beim Schnürenpudel kann die Rute in ihrer gesamten Länge belassen werden. Wenn der Pudel in Bewegung ist, wird die Rute schräg nach oben gestellt getragen.

Hintergliedmaßen

Schenkel

Gut bemuskelt und kräftig.

Läufe

Von hinten gesehen, sollen die Läufe parallel gestellt sein. Muskulatur gut entwickelt und deutlich in Erscheinung tretend.

Ziemlich ausgeprägte Winkelung des Kniegelenkes. Die verschiedenen Gelenkwinkel (Hüftgelenk, Kniegelenk und Sprunggelenk) sollen genügend ausgeprägt sein, um jegliche Steilheit zu vermeiden, die manchmal eine unerwünschte, abfallende Kruppe zur Folge hat.

Haarkleid

Farben

Woll- und Schnürenpudel: schwarz, weiß, braun, silbergrau, »apricot«.
Braun: Sauber, ziemlich dunkel, von regelmäßiger und warmer Farbe. Farbliche Abstufungen dürfen weder ins Beige noch in hellere Töne gehen. Das Fell darf auch keinesfalls so dunkel kastanienbraun sein, daß es schwarz wirkt, also weder »tête de nègre«, noch »aubergine«.
Grau: Regelmäßig. Farbliche Abstufungen dürfen weder ins Schwarze noch ins Weiße schlagen.
Apricot: Regelmäßig. Farbliche Abstufungen dürfen weder ins Braune noch in Brauntöne gehen.

Anerkannte Ausstellungs-schuren

Klassische Schur (Löwenschnitt)
Moderne Schur (Toilette 1960)
English Saddle Clip
Second Puppy-Clip

Haar

Wollpudel: Reichlich, von feiner, wolliger Textur, gut gekräuselt, elastisch und dem Druck der Hand widerstehend. Die Wolle soll sehr dicht und reichlich sein. Hart anzufühlendes, roßhaarähnliches Haar ist unerwünscht und gegenüber der vorschriftsmäßigen Haarqualität zurückzustellen.
Schnürenpudel: Reichliche Wolle von feiner wolliger Textur, dicht, charakteristische Schnüre von ausgeglichener Länge bildend, die mindestens 20 cm messen sollen. Sie werden um so geschätzter, je länger sie sind. Um einen unordentlichen Eindruck zu vermeiden, ist es gestattet, die Kopfhaare oberhalb der Ohren mit einem Band zusammenzuhalten und die Rumpfhaare den Rücken entlang zu scheiteln.

Haut

Geschmeidig, ohne Schlaffheit, pigmentiert. Bei schwarzen, braunen, grauen und apricot Pudeln muß die Pigmentierung der Fellfarbe entsprechen. Beim weißen Pudel wird eine silbergraue Hautfarbe angestrebt, was jedoch keinen Einfluß auf die Haarfarbe haben darf. Bei manchen weißen Pudeln ist die Haut mit Pigmentflecken übersät, und zwar nicht nur an den inneren Körperstellen (was häufig vorkommt), sondern über den gesamten Körper verteilt, was nicht als fehlerhaft zu betrachten ist. Die allgemeine Pigmentierung soll möglichst intensiv sein unter Einbeziehung folgender Teile: Lider, Nasenschwamm, Lippen, Zahnfleisch, Rachenschleimhäute, natürliche Öffnungen, Hodensack, Ballen.

Bei schwarzen, weißen und grauen Hunden muß die Pigmentierung schwarz, bei braunen Tieren dunkelbraun sein. Beim Apricot-Pudel soll sie so regelmäßig und so dunkel wie möglich sein, in allen Schattierungen von dunkelbraun bis schwarz, wobei letzteres zwar nicht vorgezogen, aber zugelassen wird, um Pigmentverlust vorzubeugen.

Weiße Kleinpudelhündin

Größe

Großpudel

Über 45 cm bis 60 cm. Der Großpudel soll einen vergrößerten Mittelpudel darstellen und auch dessen typische Merkmale aufweisen.

Mittelpudel (Kleinpudel)

Über 35 cm bis 45 cm.

Zwergpudel

Über 28 cm bis 35 cm. Der Zwergpudel soll einen verkleinerten Mittelpudel darstellen und nach Möglichkeit dieselben Proportionen aufweisen, unter Ausschluß jeglichen Verzwergungsmerkmales.

Toypudel

Unter 28 cm.

Fehler

Anatomie und Typ

Zu kurzer oder spitzer Fang, Ramsnase, zu kleine, ungenügend offene oder zu große Nase. Fehlender oder zu stark markierter Stirnabsatz. Zu große oder zu kleine, zu wenig dunkle oder rot schimmernde Augen. Zu kurze, zu schmale oder zurückgelegt getragene Ohren.

Abfallende Kruppe. Ungenügende Winkelung der Vorderhand. Hochläufigkeit. Über den Rücken gebogen getragene, zu dünne oder zu tief angesetzte Rute. Fließendes und ausgreifendes Gangwerk.

Heller oder gefleckter Nasenschwamm. Pigmentlose Flecken. Ungenügende allgemeine Pigmentierung, mangelhaft pigmentierte Lider, »Brillen« oder Haarausfall rund um die Augen. Spärliches oder weiches Fell.

Unbestimmte oder nicht regelmäßig über den Körper verteilte Farbe. Einige weiße Brusthaare sind zulässig.

Bösartige, aggressive oder übertrieben nervös wirkende Tiere. An Hunde mit Verzwergungsmerkmalen darf die Bewertung »vorzüglich« nicht vergeben werden. Typische solche Merkmale sind: Apfelkopf, fehlender Hinterhauptbeinstachel, übertriebener Stirnabsatz, Glotzaugen, spitzer, zu kurzer oder aufgeworfener Fang. Unterbiß, fehlendes Kinn.

Zwergpudel braun

Vorbiß ist fehlerhaft und wird je nach seiner Ausprägung bestraft. Staupegebiß (infolge Krankheit gelb angelaufene Zähne) ist kein Fehler, insofern die Zahnstellung korrekt ist. Unregelmäßige Zahnstellung und fehlende Zähne sind ein Fehler, dessen Schwere im Verhältnis zum Grad der Unregelmäßigkeit steht: Sämtliche Schneide-, Fang- und Reißzähne müssen dasein. Ein fehlender P1 wird nicht bestraft; zwei fehlende P1: Bewertung »vorzüglich«; drei fehlende Prämolaren (3 P1 oder 2 P2 und 1 P1): Bewertung »sehr gut«.

Disqualifizierende Fehler

Weiße Flecken, weißes Haar an den Pfoten; Tiere, deren Haar nicht einfarbig ist. Monorchiden, Kryptorchiden. Wolfskrallen oder Spuren davon an den Hinterläufen. Unterbiß. Schwanzlosigkeit. Größe: über 60 cm und unter 26 cm.

Pudel, die in anderen als den im Standard festgehaltenen Schuren ausgestellt werden, haben Anrecht auf eine Bewertung, können aber nicht um offizielle Auszeichnungen (CAC/CACIB, etc.) konkurrieren. Sie sind zur Zucht zugelassen.

KAPITEL 6

Überlegungen vor der Anschaffung eines Pudels

Ein Wurf Großpudel in apricot

Voraus-setzungen

Wer den Wunsch hat, sich einen Pudel zuzulegen, sollte sich die folgenden Fragen stellen und vor sich selbst ehrlich beantworten:

- Bin ich bereit, die Verantwortung für ein Hundeleben (ca. 15 Jahre) zu übernehmen?
- Bin ich in der Lage, einen kranken Hund zu pflegen, was manchmal mit Unannehmlichkeiten verbunden ist und evtl. auch Überwindung kostet?
- Bin ich bereit, zu tolerieren, daß der Pudel auch mal den Teppich beschmutzt (kommt auch mal beim erwachsenen Hund vor)?
- Ist mein Vermieter mit der Haltung eines Hundes einverstanden?
- Bin ich bereit, täglich mindestens zwei Stunden meiner Freizeit für meinen Hund zu opfern (»Gassi-Gehen«, Spaziergänge, Fütterung, Pflege)?
- Wo lasse ich meinen Hund im Urlaub, ist seine Unterbringung gewährleistet?

Spielen und Kontakt mit Kindern ist für die Sozialisierung wichtig. (achtwöchige Großpudel)

- Wenn ich krank werde, wer kümmert sich um den Hausgenossen?
- Welcher Pudel paßt zu der Größe meiner Wohnung? (Ein Großpudel eignet sich nicht für ein Appartement.)
- Wer kümmert sich tagsüber um meinen Hund, wenn ich berufstätig bin? (Ein Hund kann nicht länger als vier bis fünf Stunden allein sein, spätestens dann muß ihm die Gelegenheit gegeben werden, sich zu lösen).
- Ist meine Umgebung für Spaziergänge und das tägliche kleine »Gassigehen« geeignet? (Welches Herrchen oder Frauchen ist schon bereit, täglich fünfmal den 20 Minuten entfernten Grünstreifen aufzusuchen?)
- Ist es gewährleistet, daß meine kleinen Kinder mit dem Pudel nicht unbeaufsichtigt bleiben? Zum einen ist es vom gesundheitlichen und hygienischen Standpunkt her nicht so gut, wenn der Hund in einem unbeaufsichtigten Moment dem Kind das Gesicht abschleckt. Und vor allen Dingen können ganz kleine Kinder noch nicht verstehen, daß ein Hund ein lebendiges Wesen und kein Spielzeug ist. Wenn sie ihn an den Ohren oder Haaren ziehen, zwicken oder schlagen, wird er sich wahrscheinlich irgendwann wehren.
- Bin ich in der Lage, die Kosten für den Hund und seine Pflege aufzubringen? (Hundesteuer, Haftpflichtversicherung, Tierarzt, Futter, Kosten für Zubehör wie Körbchen, Leine, Halsband, Spielzeug, und, nicht zu vergessen, einen großen Faktor: den Pudelfriseur.)

Wo kaufe ich meinen Pudel?

Es empfiehlt sich, einen Pudel nur bei einem guten Züchter von einem der großen Pudelvereine zu kaufen, die dem VDH angeschlossen sind (Verband für das Deutsche Hundewesen e. V., Dortmund). Diese Vereine müssen sich an die Zuchtbestimmungen halten, d. h., Hunde mit Erbkrankheiten dürfen nicht zur Zucht verwendet werden, auch sonstige evtl. erbliche Fehler werden durch die Zuchttauglichkeitsprüfung ausgeschlossen. Inzucht ist, bis auf wenige Ausnahmen (mit Sondergenehmigung), nicht erlaubt. Zudem wird das Zuchtalter der Elterntiere und die Betreuung des Wurfes überwacht.

Es hat sich noch nie ausgezahlt, bei einem »wilden« Züchter oder, noch schlimmer, bei einem Händler einen »billigen« Hund zu erwerben. Meistens steckt man über den Tierarzt das Doppelte des Ersparten wieder in den Hund hinein. Zudem fehlt die wichtige Sozialisierung des Welpen und die sorgfältige Prägung auf den Menschen. Kaufen Sie keine solchen Hunde – auch nicht aus Mitleid! Es würden nur noch mehr Hunde »produziert«.

Auch die Tatsache, daß ein Hund »Papiere« hat, bedeutet noch nichts. Ein Verein ist mit ein paar Leuten schnell gegründet, und dann druckt man seinen eigenen »Ahnenpaß«.

Bestehen Sie beim Kauf darauf, die Mutter der Welpen und ihre Papiere zu sehen. Vergleichen Sie die im Stammbaum eingetragene Tätowierungsnummer mit der Nummer der Hündin (Ohr oder Innenschenkel).

Kleinpudelrüde (rechts) und Zwergpudelhündin

Rüde oder Hündin?

Die Hündin

Die Hündin wird zweimal im Jahr für 21 Tage läufig. Die erste Läufigkeit setzt etwa zwischen dem sechsten und dem zwölften Lebensmonat ein. In dieser Zeit muß man besonders auf die Hündin aufpassen, da sie mit ihrem »Duft« die Rüden geradezu anlockt. Besondere Wachsamkeit aber erfordern die Tage neun bis dreizehn; dies sind die Tage der Empfängnisbereitschaft. Jetzt drängt es auch die Hündin, zu einem Rüden zu gelangen.

Wenn die Hündin sich nicht selbst durch Lecken sauberhält, braucht man in der Wohnung ein Hygienehöschen, in das man eine Slipeinlage einlegt, die regelmäßig gewechselt wird. Das Höschen bekommt man in jedem Zoofachgeschäft. Es empfiehlt sich, die Junghündin schon vor der ersten Hitze an das Höschen zu gewöhnen, das heißt, man zieht es ab und zu einmal für eine Stunde an.

Es gibt zwei Möglichkeiten, die Läufigkeit zu unterbinden: Die erste ist das Spritzen von Hormonen, dies ist aber nicht ratsam, da es zu gravierenden gesundheitlichen Störungen kommen kann.

Wenn man nicht züchten möchte, oder um Scheinschwangerschaften zu unterbinden, bietet sich die Kastration an (operative Entfernung von Eierstöcken und Gebärmutter. Eine Sterilisation = Unterbrechung der Eileiter, verhindert nicht die Läufigkeit). Es kommt nach einer Kastration mit Sicherheit zu keiner Scheinträchtigkeit mehr, und die Wahrscheinlichkeit, daß die Hündin an einem Gesäugetumor erkrankt, ist nur noch gering.

Im höheren Alter bekommen Hündinnen leider öfter eine Gebärmutterentzündung oder Gebärmuttereiterung. Auch diese Gefahr ist nach der Kastration gebannt.

Allerdings neigt die Hündin nach der Operation dazu, an Gewicht zuzunehmen, sofern man nicht ganz konsequent die Futterration mengenmäßig einhält. Denn durch die Entfernung der Eierstöcke kommt es zu einer hormonellen Umstellung, die einen gesteigerten Appetit bewirkt.

Sollte eine ältere Hündin, die noch nicht kastriert ist, läufig sein, so ist die Dauer der Hitze immer genau zu beachten. Eine Gebärmutterentzündung kann sich nämlich durch eine langandauernde Läufigkeit bemerkbar machen. Ist dies erkannt, ist der Tierarztbesuch unerläßlich, da diese Erkrankung für die Hündin lebensgefährlich werden kann. Die Hündin ist meist anhänglicher als der Rüde und streunt nicht.

Der Rüde

Beim Rüden hingegen ist schon eine sehr gute Erziehung nötig, um ihm das Streunen abzugewöhnen. Denn wenn sie die Witterung einer läufigen Hündin aufnehmen, sind viele Rüden nicht mehr zu halten!

Aber auch hier macht eine Kastration des erwachsenen Rüden dem Treiben ein Ende.

KAPITEL

7

Ein Pudelwelpe kommt ins Haus

Das Körbchen dient als Ruhe- und Schlafplatz. (Großpudel apricot, drei Monate alt)

Erste Anschaffungen

Wenn Sie mit Ihrem kleinen Pudel zu Hause eintreffen, sollte folgendes bereits vorhanden sein:

Futternapf
Wassernapf
Körbchen mit Kissen
Halsband
Laufleine (5 m)
Vorrat an Futter
Spielzeug

Selbstverständlich muß das Körbchen groß genug sein, daß sich der Pudel vollständig ausstrecken kann. Und denken Sie daran: Er bleibt nicht immer so klein! Kaufen Sie den Korb also sozusagen auf »Zuwachs«.

Außerdem braucht er natürlich etwas zu spielen! Dabei muß man darauf achten, daß dieses Spielzeug für den Welpen keine Gefahr darstellt: Spielsachen sollten immer so groß sein, daß der Hund sie nicht verschlucken kann. Bei Plüschtieren entfernt man vorsichtshalber die Augen, Gummitiere müssen farbecht sein.

Die Auswahl

Da es Pudel in vier Größen gibt, kann sich jeder Pudelfreund den »Partner« aussuchen, der zu seiner Lebenssituation und seinen Vorstellungen am besten paßt.

Großpudel brauchen natürlich mehr Platz sowie mehr Bewegung und Auslauf. Für sportliche Betätigungen wie Agility usw. sind sie besonders geeignet.

Die kleineren Pudel fühlen sich auch in einer Stadtwohnung wohl und können, wenn sie einmal krank sind oder der Aufzug kaputt ist, leichter getragen werden.

Der Züchter wird Ihnen dabei helfen, aus seinem Wurf den richtigen Welpen auszusuchen. Wenn Sie später selbst züchten wollen, sollte es ein besonders typvoller, vielversprechender Hund sein. Erfahrene Hundehalter können sich ruhig einen dominanten, sehr temperamentvollen Welpen aussuchen, während »Neulinge« mit einem ruhigeren Welpen besser dran sind.

Abholung des Pudelwelpen

Nachdem Sie sich für einen Welpen entschieden haben, machen Sie sich auf die Reise, um Ihren kleinen Hausgenossen abzuholen. Wenn Sie den Pudel mit dem Auto abholen, müssen Sie den Züchter vorher davon in Kenntnis setzen, damit der Hund nicht gefüttert wird (er könnte sich sonst bei der ersten Autofahrt erbrechen).

Erkundigen Sie sich beim Züchter, wann die nächste Impfung des Welpen fällig ist und wann die nächste Kotuntersuchung auf Würmer durchgeführt werden muß.

Bedenken Sie, daß die Trennung von der Mutter und seinen Geschwistern sowie die neue Umgebung für den kleinen Pudel eine große Umstellung ist. Aus diesem Grunde sollten Sie in der ersten Woche, in der Sie den neuen Hausgenossen besitzen, auf keinen Fall auch noch die Fütterung umstellen. Dies setzt voraus, daß Sie sich beim Züchter erkundigen, was der Welpe bisher als Nahrung erhalten hat und wann seine Fütterungszeiten waren. (Manche Züchter geben dem Käufer von dem Futter für die ersten zwei Tage etwas mit.)

Auch sonst wird der Züchter gerne bereit sein, Ihre vielen Fragen zu beantworten. Es empfiehlt sich, die Fragen vorher schon auf einen Zettel zu notieren, damit man nichts vergißt.

Wenn man einen Rassehund kauft, so ist seine Ahnentafel der Nachweis für seine Herkunft und Reinrassigkeit. Es ist aber leider nicht möglich, die Ahnentafel gleich beim Kauf zu erhalten, da sie erst vom Zuchtbuchamt bearbeitet werden kann, wenn die Papiere vom Zuchtwart eingegangen sind. (Dieser hat in der achten Lebenswoche des Welpen den Wurf überprüft und abgenommen.)

Im Kaufvertrag ist aber in der Regel festgehalten, daß die Ahnentafel nachgereicht wird.

Die Namensgebung

Jeder Rassehund hat in seiner Ahnentafel (Ahnenpaß) bereits einen Namen, der aus dem Zwingernamen und einem Vornamen besteht.

Sollte Ihnen dieser Name nicht zusagen (er klingt manchmal schon sehr abstrakt), ist Ihnen der Züchter sicher nicht böse, wenn Sie sich für einen anderen Rufnamen entscheiden.

Für das Hundeohr am günstigsten sind zweisilbige Namen mit hellen Vokalen, die mit »i« oder »y« enden. Außerdem sollte sich der Hundename deutlich aussprechen lassen.

Im Anhang dieses Buches sind die schönsten Pudelnamen verzeichnet, Sie werden sicher einen passenden für Ihren Pudel darunter finden!

Die Eingewöhnung

Zu Hause angekommen, macht man den jungen Hund zuerst mit seiner neuen Umgebung vertraut. Das heißt, man läßt ihn in Ruhe die ganze Wohnung erkunden.

Man macht einen ersten kleinen Spaziergang ums Haus, natürlich an der Laufleine, mit der man ihn großräumig laufen läßt. In den ersten Tagen ist der Hund draußen stets an der Leine zu belassen, bis ihm die neue »Welt« und das neue »Rudel« etwas vertrauter sind.

Am Abend, wenn es Zeit ist, das Körbchen aufzusuchen, werden sich womöglich Probleme einstellen. Nach den vielen Neuigkeiten und Ablenkungen des ersten Tages sucht der Welpe nun seine Mutter und seine Geschwister und fühlt sich bei den »fremden Leuten« in der neuen Wohnung total einsam und verlassen.

Um dem Welpen etwas Nestwärme zu geben, wird oft empfohlen, einen leise tickenden Wecker unter die Decke seines Körbchens zu legen. Das Ticken soll den Herzschlag seiner Mutter imitieren. Weiterhin bekommt er eine Wärmflasche in sein Bettchen und wird evtl. noch leicht zugedeckt.

Wahrscheinlich wird der Pudel trotzdem nicht freiwillig in seinem Körbchen bleiben wollen, und es werden schon einige Nächte vergehen, bis er aufhört, nachts zu jammern und zu winseln.

Diesen Schwierigkeiten kann man begegnen, indem man ihn, falls man nichts dagegen hat, entweder gleich mit ins eigene Bett nimmt oder den Hund in seinem Körbchen vor das Bett stellt und dadurch die Möglichkeit hat, ihm gut zuzureden, wenn er zu winseln anfängt.

Der erste Arztbesuch

Wenn sich der neuerworbene Pudel ein paar Tage eingewöhnt hat, wird er zu einer ersten Untersuchung

dem Tierarzt vorgestellt, zu der man auch eine Kotprobe mitbringen sollte.

Der Tierarzt kontrolliert Augen, Ohren, die Gelenke und das Herz. Er überprüft den Hund, soweit schon feststellbar, auf irgendwelche Erbfehler, wie zum Beispiel Kryptorchismus beim Rüden (Hodenlosigkeit), kontrolliert das Bäuchlein auf einen eventuellen Nabelbruch und mißt die Temperatur.

Der frisch gebackene Pudelbesitzer sollte über Freßgewohnheiten und Verhalten seines Vierbeiners sowie den Termin der letzten Wurmkur Bericht erstatten. Außerdem erhält der Tierarzt Einblick in die Impfunterlagen.

Sollten sich bei dieser Grunduntersuchung evtl. erblich bedingte Fehler bei dem Hund herausstellen, kann man den Pudel an den Züchter zurückgeben – erst recht, wenn man vorhat, den Hund auszustellen oder zu züchten.

Stubenreinheit

Es ist noch kein Meister vom Himmel gefallen, und woher soll der kleine Welpe, der ja noch ein Baby ist, wissen, wo und wann er seine Geschäfte erledigen darf und soll? Sie brauchen also einige Geduld, bis das Tier soweit erzogen ist, daß es verstanden hat, was Sie von ihm wollen.

Es ist auch sinnlos, den noch unerzogenen Welpen zu strafen, wenn er sein Geschäft an der unpassenden Stelle hinterlassen hat. Noch viel schlimmer ist der Rat, dem Welpen die Nase in seine Hinterlassenschaft hineinzustecken, dies ist Tierquälerei und außerdem sinnlos. Eine erzieherische Maßnahme (am Nackenfell schütteln, aber dabei auf dem Boden stehen lassen) hat nur dann Sinn, wenn man den Welpen unmittelbar bei der Verrichtung seines Geschäftes erwischt. Straft man ihn nur eine Minute später, wird er nicht verstehen, warum dies geschieht.

Bei der Erziehung zur Stubenreinheit beginnt man damit, daß man in möglichst regelmäßigen Abständen von ca. zwei Stunden den Hund hinausträgt und ins Gras setzt. Achten Sie darauf, daß er sich auch wirklich im Gras entleert, und nicht mitten auf dem Gehsteig!

Wenn man den Welpen beobachtet, wird man außerdem feststellen, daß er, sobald er wach wird, versucht, sich zu lösen. Man erkennt dies daran, daß er am Boden herumschnuppert und sich im Kreis zu drehen beginnt. Die Erziehung zur Sauberkeit erreicht man am besten dadurch, daß man den Pudel nachts in ein großes verschließbares Katzenkörbchen steckt. Der gesunde Welpe wird niemals sein Nest beschmutzen. Es ist also ziemlich sicher, daß er sich melden wird, wenn er muß.

So kann man sich morgens, und dies wird in der ersten Zeit sehr früh sein, den kleinen Kerl beim ersten Winseln sofort schnappen und ihn hinausbringen. Achten Sie aber unbedingt darauf, daß der Pudel nicht mehr auf den Boden kommt, bevor Sie ihn hinaustragen, da sonst die »Bescherung« sofort fällig ist!

Wenn nun der Hund sein Geschäft im Gras erfolgreich beendet hat, ist es sehr wichtig, daß Sie ihn ausführlich und überschwenglich loben.

Die Sache mit den »Häufchen«

Wer hat sich nicht schon einmal darüber geärgert, wenn er seine Schuhsohlen von stinkendem Hundekot säubern mußte? Dabei ist es im Grunde kein Problem und eigentlich sehr einfach, so ein Hundehäufchen zu beseitigen. In zoologischen Fachhandlungen gibt es die sogenannten »Fifitüten«. Wenn man sie konsequent benutzt, kommt das auf die Dauer ziemlich teuer. Genauso gut eignen sich umweltfreundliche Butterbrotpapiertüten. Man stülpt die Tüte über die Hand und ergreift die unliebsame Hinterlassenschaft. Dann zieht man die Tüte über die Hand und verschließt sie.

Wer sich vor dieser Prozedur ekelt, der sollte sich fragen, ob er sich nicht lieber einen Plüschhund anschaffen will. Denn man wird als Hundebesitzer immer wieder in die Lage kommen, »unappetitliche« Situationen meistern zu müssen.

Der Pudel im Auto

Idealerweise hat bereits der Züchter damit begonnen, den Welpen ans Autofahren zu gewöhnen. Falls nicht, beginnen Sie selbst mit gemeinsamem Sitzen im Auto und dann mit sehr kurzen Fahrten, die mit positiven Erlebnissen (Spaziergang, Toben) verbunden sind.

Wichtig ist, daß der Pudel im Auto einen sicheren Platz hat, so daß er den Fahrer nicht behindern kann und selbst bei einem Unfall nicht durch die Gegend geschleudert wird. In Frage kommt die Ladefläche eines Kombis, die mit einem stabilen Schutznetz oder -gitter vom Fahrgastraum abgeteilt ist, oder die Rückbank, wo der Hund mit speziellen Sicherheitsgurten gesichert wird. Wird der Pudel in einer Transportbox befördert, muß diese gegen Umherfliegen gesichert werden.

Viele Hundebesitzer befördern Ihren Vierbeiner im Fußraum vor dem Beifahrersitz. Hier ist er bei

einem Unfall zwar relativ sicher. Da er aber den Fahrer behindern könnte, zahlen die Haftpflichtversicherungen bei einem Unfall unter Umständen nicht.

Weiterhin läßt man einen Hund nicht in einem parkenden Auto warten; die Witterungsverhältnisse können sich zu schnell verändern. So kann aus Wolken und Regen strahlendes Sonnenwetter werden. Selbst wenn man den Wagen an einem schattigen Platz parkt, wandert die Sonne weiter. Die Temperatur im Auto ändert sich dann schnell und steigt alarmierend an. In kürzester Zeit kann der Hund einem Hitzschlag erliegen! Im Winter kühlt ein parkendes Auto schnell aus, der Hund friert, und es besteht die Gefahr einer Unterkühlung und somit einer Erkrankung.

Wenn Ihr Pudel bei Autofahrten zum Erbrechen neigt, achten Sie darauf, daß er vor Fahrtantritt nicht gefüttert wird. Eventuell lassen Sie sich vor einer längeren Reise vom Tierarzt Reisetabletten gegen diese Reisekrankheit geben. Unterwegs bekommt der Pudel nur Wasser zum Trinken.

Alle ein bis zwei Stunden macht man eine Pause, daß der Hund sich an der Leine Bewegung verschaffen und sein Geschäftchen erledigen kann.

Es wird dem Hund nicht gestattet, seine Nase aus dem Fenster zu stecken. Die Zugluft ist ihm nicht zuträglich, er bekäme nur entzündete Augen.

Der Pudel im Urlaub

Die Urlaubszeit ist für manchen Pudel die bitterste Zeit des Jahres, denn der Pudel leidet sehr darunter, alleingelassen zu werden. Er ist ein Rudeltier und vermißt seine Rudelgenossen (Menschen) so sehr, daß er manchmal die Nahrungsaufnahme verweigert und erkrankt. Deshalb ist es immer das beste, den Pudel in den Urlaub mitzunehmen.

Es gibt auch im Ausland Hotels und Pensionen, die das Mitbringen von Hunden erlauben. Noch besser ist es, eine Wohnung oder einen Bungalow zu mieten! Wenn der Hund nach ein bis zwei Tagen dort eingewöhnt ist, kann man ihn ohne Probleme ab und zu ein paar Stunden alleine lassen, denn die Zeit am heißen Strand zu verbringen, ist für den Pudel eine Quälerei. In den meisten Ländern ist es sowieso untersagt, ihn mit an den Strand zu nehmen.

Sollte es aber ganz unmöglich sein, den Pudel mit in den Urlaub zu nehmen, geben Sie ihn möglichst nicht in eine Hundepension, sondern bringen Sie ihn bei Verwandten oder guten Freunden unter. Der Pudel sollte seine »Urlaubspflegeeltern« schon gut kennen und sie auch schon oft in ihrer Wohnung besucht haben.

Geben Sie einen Merkzettel mit über die gewohnte Nahrung, Gewohnheiten und, nicht zu vergessen, die Adresse und Telefonnummer des Tierarztes sowie Ihre Urlaubsanschrift.

Hat man die Absicht, den Pudel mit ins Ausland zu nehmen, erkundigt man sich ca. zwei Monate vor Reiseantritt nach dem neuesten Stand der Einreisebedingungen für Hunde. Welche Vorschriften für das einzelne Land gültig sind, erfährt man bei der jeweiligen Botschaft des Landes, das man besuchen will, beim Veterinäramt, beim ADAC und beim Tierarzt.

Hier noch eine Aufstellung der Utensilien, die Sie für Ihren Hund mit in den Urlaub nehmen sollten:

Impfpaß
Halsband und Leine
Pflegeutensilien
Hundedecke
gewohntes Futter
Futterschüssel
Wasserschüssel
Spielzeug

kleine Hundeapotheke:
Mittel gegen Durchfall
Pinzette zur Splitterentfernung
Wund- und Heilsalbe
Zeckenzange

Urlaubsfreuden: Toben am Strand (Großpudel schwarz)

KAPITEL 8

Die richtige Ernährung des Pudels

Der Pudel, ein typischer »Wasserhund«

Die Ernährung des Hundes ist ein sehr wichtiges Thema. Der überwiegende Anteil aller Erkrankungen ist nämlich oft nichts weiter als die Folge unsachgemäßer Aufzucht und unsachgemäßer Fütterung. Zumindest wird der Ausbruch einer Krankheit begünstigt, wenn der Organismus nicht im richtigen Gleichklang ist. Richtig aufgezogene Tiere sind widerstandsfähiger gegenüber Infektionen.

Der Streit über die richtige Ernährung des Hundes ist seit Jahren heftig im Gange. Fachleute und Züchter teilen sich in zwei Lager. Die einen schwören auf Selbstgekochtes, die anderen sind Anhänger der Fertignahrung, die natürlich bequem ist und alles enthält, was der Hund braucht.

Ich persönlich bin Verfechter der selbstgekochten Mahlzeiten, und es hat sich meines Erachtens bewährt, ein vielfältiges Ernährungsprogramm für den Hund aufzustellen. Mängel, die die eine oder andere Zusammenstellung eines Menüs hatte, können so ein anderes Mal wieder ausgeglichen werden.

Die Hunde werden so nicht an bestimmte Lebensmittel gewöhnt

und verweigern nicht das Essen bei einer anderen Futterzusammenstellung. Sind Magen und Darm nicht auf bestimmte Nahrungsmittel eingestellt, gibt es bei einem Futterwechsel niemals Verdauungsprobleme.

Grundsätzlich ist wichtig, daß der Hund eine andere Nahrung braucht als der Mensch, weil sein Verdauungssystem ganz anders gestaltet ist. Der Urahn unserer Hunde, der Wolf, ist kein »Fleischfresser«, sondern ein »Tierfresser«. Das bedeutet, daß er nicht nur Muskelfleisch zu sich nimmt, sondern auch Innereien, Knorpel, Sehnen und vor allem den Mageninhalt mit vorverdauter Pflanzenkost. Auf diese Weise wurde eine vielseitige Nahrung aufgenommen. Die Hundevorfahren fraßen nachweislich auch Gras, Beeren und andere Waldfrüchte. Und Hunde tun dies immer noch.

Daraus folgt, daß Hunde vorwiegend, aber nicht ausschließlich mit Fleisch ernährt werden. Dazu gibt man Getreide, Gemüse und Obst. Beim erwachsenen Hund gibt man 1/3 Fleisch, 1/3 Getreide und 1/3 Rohkost.

Welche Lebensmittel verwendet werden, entnehmen Sie bitte der folgenden Tabelle.

Kohl und Hülsenfrüchte sind wegen ihrer blähenden Wirkung abzulehnen.

Fleisch

Fleisch ist für den Hund in erster Linie Eiweißlieferant. Das Eiweiß benötigt er für die Energiegewinnung und für Aufbau und Erhaltung der Körpersubstanz.

Eiweiß (Protein) ist aus ca. 20 verschiedenen Aminosäuren zusammengesetzt, von denen zehn für den Hund lebenswichtig sind, weil sein Körper sie nicht selbst aufbauen kann. Sie müssen also mit der Nahrung zugeführt werden.

Eiweißmangelerscheinungen sind schlechtes Fell sowie Anfälligkeit für Infektionen und Durchfälle. Ein Eiweißüberschuß schadet jedoch ebenso und führt zu Stoffwechselstörungen.

Man kann neben magerem Fleisch auch Kopf- und Backenfleisch vom Rind verfüttern. Bei Innereien ist Vorsicht geboten, sie führen meist zu Durchfällen.

Fleisch und Fisch sollten nur gekocht verfüttert werden, weil sie in rohem Zustand Infektionserreger

Fleisch	Getreide	Rohkost
Rindfleisch Rinderherz Fisch Huhn Pute Hammel / Lamm	Vollkornreis Vollkornhaferflocken Nudeln Kartoffeln	Karotten grüne Salate Paprikaschoten Äpfel / Bananen Kresse Zwiebeln / Petersilie (kleine Mengen)

und Parasiten übertragen können. Insbesondere die Aujeszkysche Krankheit (siehe Seite 79) breitet sich in der letzten Zeit aus. Ihre Erreger stecken im Schweinefleisch. Sicherheitshalber sollte alles Fleisch gekocht werden, da oft nicht nachvollziehbar ist, ob anderes Fleisch mit Schweinefleisch in Berührung gekommen sein kann.

Selbstverständlich gibt man nie angegangenes Fleisch und unter keinen Umständen verdorbenes gekochtes Fleisch!

Das nötige Eiweiß kann hin und wieder auch über Milch und Milchprodukte gegeben werden. Allerdings vertragen manche erwachsene Hunde Milch nicht gut, weil sie den Milchzucker nicht mehr abbauen können. Statt dessen kann man Quark geben, hier ist ein Teil des Milchzuckers in Milchsäure umgewandelt. Quark ist daher besser bekömmlich.

Getreide und Rohkost

Pflanzliche Nahrungsmittel liefern dem Hund in erster Linie Kohlenhydrate, die der Energiegewinnung dienen. Sie enthalten außerdem Ballaststoffe, die für die Verdauung wichtig sind.

Da der Hund nicht »vorverdaute« Pflanzenkost schlecht verwerten kann, müssen wir Getreide aufgeschlossen, also gekocht oder zu Flocken gequetscht, füttern.

Beim Obst und Gemüse bewerkstelligt man das »Vorverdauen«, indem man es ganz klein zerhackt oder püriert und dann roh verfüttert.

Vitamine

Vitamine sind organische Substanzen, die für vielfältige Stoffwechselvorgänge benötigt werden. Teilweise kann der Hund sie selbst herstellen, teils müssen sie mit der Nahrung zugeführt werden.

In einer abwechslungsreichen Kost bzw. hochwertigem Fertigfutter sind in der Regel ausreichend Vitamine enthalten. Da eine Überversorgung mit den fettlöslichen Vitaminen A, D, E und K eher schädlich als nützlich ist, sollte man Vitaminpräparate nur nach Absprache mit dem Tierarzt geben. Es ist aber sinnvoll, dem selbstgekochten Futter etwas pflanzliches Öl zuzugeben, damit die fettlöslichen Vitamine aufgenommen werden können.

Eine Überversorgung mit wasserlöslichen Vitaminen (B, C und H) ist nicht problematisch, da sie ausgeschieden werden. Da diese Vitamine hitzeempfindlich sind, ist es wichtig, Obst und Gemüse roh zu verfüttern.

Mineralstoffe

Hier sind insbesondere Kalzium und Phosphor wichtig, die eine Rolle beim Skelettaufbau spielen. Wenn man das Futter selbst zusam-

menstellt, ist in der Regel genügend Phosphor, aber zu wenig Kalzium enthalten. Man gibt deshalb zusätzlich ein Kalzium-Phosphor-Präparat, das die Mineralien in einem Verhältnis von 2 zu 1 enthält.

Dosenfutter

Für den eiligen Pudelbesitzer gibt es heutzutage auch die Möglichkeit, seinen Hund mit Dosenfutter zu ernähren. Allerdings muß man unbedingt darauf achten, aus welchen Bestandteilen (und in welchen Mengen) sich das Fertigfutter zusammensetzt. So gibt es die Möglichkeit, reines Fleisch in der Dose zu erwerben, das dann natürlich noch mit Getreide und Rohkost angereichert werden muß. Verschiedene Firmen bieten aber auch Dosenfutter an, in denen das Gemüse bereits enthalten ist.

Fütterungsregeln

- Geben Sie das Futter immer zimmerwarm, nie direkt aus dem Kühlschrank.
- Futterreste dürfen nicht lange stehenbleiben, weil sie verderben können.
- Bitte keine Knochen füttern; sie können Verstopfungen und innere Verletzungen verursachen.
- Zum Knabbern und »Zähneputzen« eignen sich Büffelhautknochen und harte Hundekuchen.
- Wasser muß dem Hund zu jeder Zeit und ausreichend zur Verfügung stehen. Füllen Sie also einen genügend großen Napf dreimal täglich mit frischem, kühlem Wasser.

Die Ernährung des Welpen

Wie bereits erwähnt, sollte der Welpe nach dem Abholen vom Züchter mindestens eine Woche lang weiterhin die Nahrung bekommen, die er vorher erhalten hat. Eine Futterumstellung würde die Eingewöhnungsphase zusätzlich erschweren, und möglicherweise würde der Welpe mit Durchfall reagieren!

Wenn man die Ernährung dann doch umstellen möchte, sollte dies sehr vorsichtig geschehen.

Der Welpe bekommt im Alter von acht Wochen noch mindestens

Zwergpudelhündin silber

fünf Mahlzeiten täglich und darf so viel fressen, wie er will. Sollte man das Futter umstellen wollen, so ist damit erstmals mit einer kleinen Mahlzeit am Tag zu beginnen, am nächsten Tag zwei neue Mahlzeiten usw.

Der Organismus des Welpen befindet sich in dieser Zeit in der Aufbauphase. Was man jetzt versäumt, läßt sich später nicht mehr nachholen oder gutmachen. Gerade jetzt benötigt der Pudel in erster Linie tierisches Eiweiß und Mineralstoffe (2 Teile Fleisch und 1 Teil pflanzliche Kost).

In den ersten fünf Monaten kann durchaus auch Milch zugefüttert werden, die man mit etwas Zwieback oder Vollkornhaferflocken anreichert. Die Milch braucht nicht (wie meistens angenommen wird) verdünnt zu werden, im Gegenteil! Man soll den Fettgehalt der Milch noch mit etwas Sahne erhöhen. Dies ist dadurch begründet, daß die Muttermilch der Hündin viel fetter als Kuhmilch ist. Möglich, daß die Kuhmilch trotzdem nicht vertragen wird, weil sie einen höheren Milchzuckeranteil hat als die Muttermilch. So kann es zu leichten Durchfällen kommen.

Keine Probleme gibt es, wenn Sie eine im Zoofachhandel erhältliche Welpenmilch verwenden, die speziell an die Bedürfnisse des Hundes angepaßt ist. Ansonsten bekommt der kleine Pudel dieselbe Kost wie der erwachsene Hund (siehe unten), nur ist eben der Fleischanteil höher. Es ist außerdem unerläßlich, bis zur Vollendung des ersten Lebensjahres ein Mineralstoffpräparat zuzuführen. Der Organismus benötigt für den Knochenbau Kalzium und Phosphor im Verhältnis 1,2 : 1.

Selbstverständlich muß dem Welpen jederzeit frisches Wasser zur Verfügung stehen.

Die Welpenfütterung

Welpenalter	Anzahl der Mahlzeiten pro Tag
8–16 Wochen	5
ab 5. Monat	4
ab 8. Monat	3
ab 1 Jahr	2

KAPITEL 9

Die Pflege des Pudels

So sieht ein gepflegter Pudel nach einem Bad in der Ostsee aus.

Daß der Pudel nicht gerade ein pflegeleichter Hund ist, dürfte bekannt sein. Ein gepflegter Pudel ist ein Bild von Eleganz und Schönheit, während ein ungepflegter eine traurige Gestalt ist.

Darum sollte jeder, der beabsichtigt, sich einen Pudel anzuschaffen, vorher genau überlegen, ob er bereit ist, diesen Aufwand und die Kosten auf sich zu nehmen. Vielleicht wäre mancher besser beraten, wenn er sich einen »pflegeleichten Dackel« anschaffte.

Die Haarpflege

Die Haarpflege beginnt schon beim Welpen mit dem täglichen Kämmen und Bürsten. Dazu benötigt man eine kleine »Zupfbürste« mit geknickten Metallborsten und einen Hundekamm mit Holzgriff (mit nicht zu eng gestellten, abgerundeten Zinken).

Man kämmt mit der Bürste zuerst gegen den Strich den kompletten Hund durch. Anschließend kämmt man mit dem Hundekamm (bis fast auf die Haut) das gesamte Fell durch und löst damit jede kleinste verfilzte Stelle.

Die Schur

Bevor Sie Ihren Pudel in einen Hundesalon bringen, erkundigen Sie sich, ob noch von Hand gefönt wird. Leider wird nämlich in den meisten Salons eine Trockenbox verwendet, in die der Hund nach dem Baden zum Trocknen gesteckt wird. Die meisten Pudel haben darin panische Angst!

Man kann dies vermeiden, indem man den Hund in solche Pudelsalons nur zum Schneiden bringt und ihn vorher zu Hause badet und gut ausfönt.

Natürlich kann man auch versuchen, das Scheren und Schneiden selbst zu erlernen. Dazu sollte man aber einen Kurs bei einem Fachmann absolvieren. (Nichts ist schlimmer als ein verschnittener Pudel!) Wo solche Lehrgänge stattfinden, können Sie über die Hauptgeschäftsstellen der Pudelvereine (Adressen siehe S. 112) erfahren.

Pudel, die in der Fellpflege vernachlässigt werden und bei denen das Durchkämmen nicht wenigstens zwei- bis dreimal pro Woche durchgeführt wird, sind zu bedauern. Ein verfilztes Haarkleid wärmt nicht und ist auch fast nicht mehr auszukämmen.

Der verfilzte Pudel, der zum Pudelfriseur gebracht wird, muß neben der langen Dauer der Prozedur auch noch Schmerzen erdulden! Dazu kommt, daß die meisten Pudelfriseure sich diese Arbeit, die ihnen ja nicht bezahlt wird, gar nicht erst antun, das heißt, sie lehnen es ab, einen solchen Hund zu scheren. Meist ist die letzte Konsequenz, daß ein verfilzter Pudel total kahlgeschoren werden muß!

Das Scheren ist alle vier bis sechs Wochen nötig.

Das Baden

Da der Pudel erst in der siebten bis achten Lebenswoche tätowiert wird, ist es sehr wahrscheinlich, daß der Welpe, wenn Sie ihn abholen, noch ganz mit Tätowierfarbe verschmutzt ist. Um einen ansehnlichen Hund aus ihm zu machen, baden Sie ihn. Tun Sie es liebevoll, damit Baden kein unangenehmes Erlebnis wird.

Auch der erwachsene Pudel darf durchaus so oft gebadet werden, wie Sie es für nötig halten, normalerweise alle ein bis zwei Wochen. Die landläufig vorherrschende Meinung, daß ein Hund nur alle vier bis sechs Wochen gebadet werden dürfe, ist überholt. Man verwendet zum Baden spezielle Shampoos, die pH-neutral, alkalifrei und seifenfrei sind.

Wenn man es besonders gut meint, kann man ab und zu nach dem Baden mit einem nicht zu stark fettenden medizinischen Ölbad nachspülen. Man gibt einen Schuß (ca. 5 ml) medizinisches Badeöl in einen großen Topf mit lauwarmem Wasser (ca. fünf Liter) und gießt diese Lösung zum Schluß über den Hundekörper (nicht über den Kopf!).

Ansonsten verfahren Sie beim Baden des Pudels wie folgt: Als erstes achten Sie darauf, daß das Zimmer, in dem der Hund gebadet werden soll, ausreichend vorgewärmt ist. Die Badeutensilien:

Shampoo
einige größere Frottiertücher
Wattestäbchen
Hundekamm
Bürste
Fön

Das Baden kann nun beginnen, Voraussetzung ist jedoch, daß der Hund vorher noch »Gassi« war und keinen vollen Magen hat. Wichtig ist auch, daß eine Gummimatte in der Wanne liegt, sonst könnte der Pudel ausrutschen.

Dann beginnt man damit, das Pudelfell gut naß zu machen. Man muß die Wässerungsprozedur möglicherweise wiederholen, da das Haar des Hundes stark wasserabweisend ist. Nun wird das nasse Fell einshampooniert. Es wird gut durchgewaschen, bis sich kein Schmutz mehr löst. Man muß auch daran denken, schwer zugängliche Körperpartien wie die Achselhöhlen und die Pfoten gründlich zu säubern. Selbstverständlich ist beim Einseifen dringend darauf zu achten, daß kein Shampoo in die Augen gelangt.

Beim Abspülen legen Sie Daumen und Mittelfinger auf die geschlossenen Augen des Pudels und brausen mit der anderen Hand den Hund sehr gründlich ab, bis jeder Shampoorest entfernt ist. Anschließend streifen Sie das Wasser aus dem Hundefell und hüllen den Hund in ein dickes Badetuch.

Je besser Sie ihn nun trockenreiben, desto weniger Arbeit haben Sie beim Fönen. Unter gleichzeitigem Kämmen wird der Pudel dann gefönt. Dies wird erst beendet, wenn der komplette Hund trocken ist und gut durchgekämmt werden kann.

Zum Schluß werden die äußeren Gehörgänge der Ohren vorsichtig mit einem Wattestäbchen gereinigt und getrocknet.

Zähne

Schon als Welpen gewöhnt man den Hund daran, daß seine Zähne mindestens einmal in der Woche gereinigt werden (am besten verbindet man dies mit dem Baden). Dazu gibt es Spezialhundezahncreme aus Knochenmehl, die der Hund bedenkenlos schlucken darf, und eine kleine Kinderzahnbürste.

Sollte sich trotz regelmäßigen Putzens Zahnstein entwickeln, bleibt nichts anderes übrig, als diesen beim Tierarzt mit Ultraschall entfernen zu lassen. Wenn dies frühzeitig genug geschieht, wird es eventuell ohne Narkose möglich sein.

Mit einer weichen Kinderzahnbürste geht das Zähneputzen am besten.

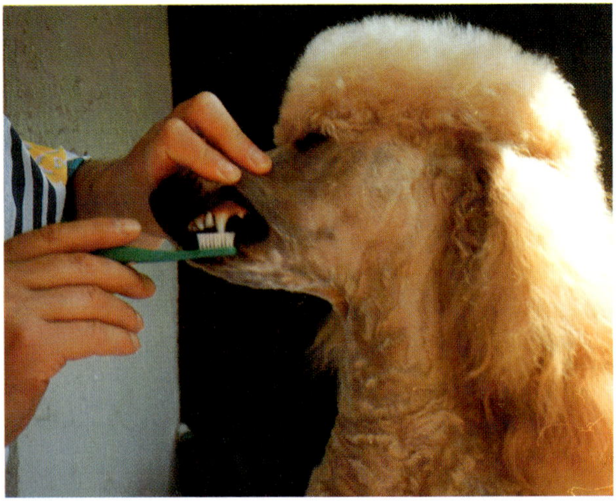

Zahnsteinbildung ist nicht zu bagatellisieren oder auf die leichte Schulter zu nehmen. Sie führt zu Zahnfleischentzündungen und kann fortschreitend den ganzen Organismus krankmachen.

Vorbeugend gibt man dem Pudel täglich etwas Hartes zum Beißen, wie zum Beispiel einen Büffelhautknochen oder hartgebackene Hundekuchen.

Krallen

Nützen sich die Krallen nicht genügend ab, müssen sie von Zeit zu Zeit mit einer Krallenzange geschnitten werden. Dabei muß man sehr vorsichtig zu Werke gehen, denn wird zuviel abgeschnitten, werden die in den Krallen verlaufenden Blutgefäße verletzt, und es kommt zu anhaltenden Blutungen.

Hat der Hund helle Krallen, ist es möglich, die Ader zu erkennen und nur den toten Teil abzuschneiden. Bei hornfarbenen oder schwarzen Krallen ist das Gefäß nicht zu sehen, deshalb schneidet man diese am besten nur ganz wenig zurück, dafür aber wöchentlich. Das ist nötig, da die Krallen sehr schnell wachsen.

Sollte es aber dennoch passieren, daß Sie in das »Leben« hineingeschnitten haben, stoppt ein wenig Sprühpflaster die Blutung sehr schnell. Ein weiteres sehr gutes Präparat zur Blutstillung gibt es leider nur auf großen Hundeausstellungen, es nennt sich »Clip stop«.

Nach dem Schneiden der Krallen feilt man diese mit einer Feile glatt.

Ein Pullover ist für einen geschorenen Pudel im Winter unerläßlich. (Großpudel apricot, drei Monate alt)

Pfoten

Wenn Sie einen Pudelfriseur aufsuchen, wird dieser bei jedem Scheren auch die Pfoten ausschneiden. Das heißt, er entfernt die Haare zwischen Ballen und Zehen.

Zwischen den einzelnen Friseurbesuchen putzt man die Zwischenräume zwischen den Pfotenballen alle 14 Tage selbst aus und kontrolliert mehrmals in der Woche auf Fremdkörper. Tut man dies nicht, setzen sich dort Erdklümpchen, Kaugummis oder kleine Kieselsteinchen fest.

Im Winter muß man daran denken, daß das Streusalz auf die empfindliche Hundepfote ätzend wirkt. Nach Winterspaziergängen werden die Pfoten daher gebadet und mit Vaseline oder Hirschtalg eingerieben.

Analbeutel

Die Analbeutel sind bohnen- bis walnußgroße Hohlräume, die paarig neben dem After angelegt sind. Sie sind mit einem übelriechenden Drüsensekret gefüllt. Der Geruch dieses Sekretes wirkt auf den Hund besonders anziehend, dies ist auch der Grund, warum sich Hunde ausgiebig die Hinterteile beschnuppern.

Das Sekret der Analdrüsen dient der Markierung des Hundereviers, es haftet dem abgesetzten Kot an. In der Regel werden die Analbeutel beim Kotabsatz entleert.

Wenn nun dieses Sekret »eindickt« und die Analbeutel sich nicht mehr auf natürliche Weise entleeren, zeigt der Hund dies mit »Schlittenfahren« an (so bezeichnet man das Rutschen auf dem Hintern). Die prall gefüllten Analbeutel müssen dann ausgedrückt werden, was der Hundebesitzer selbst vornehmen kann. Den kleinen Trick wird Ihnen sicher jeder Tierarzt gerne zeigen.

Sollte der Hund nach dem Ausdrücken weiterhin auf dem Po »schlittenfahren«, kann es sich um eine Analbeutelentzündung oder um eine Fistel (Abszeß) handeln. Beides muß vom Tierarzt behandelt werden.

Parasiten

Flöhe

Solange man einen Hund hat, wird man gegen diese kleinen Plagegeister kämpfen müssen. Selbst der gepflegteste Pudel kann bei einer Begegnung mit einem anderen Hund einen Floh erwischen, schließlich sollen diese bis zu eineinhalb Meter weit springen können! In diesem Fall heißt es: Wehret den Anfängen!

Ein Floh ist schnell gefangen oder mit einem entsprechenden Mittel vernichtet. Tut man dies nicht, ist die Vermehrung der Flöhe vorprogrammiert. Ein Flohweibchen legt bis zu 20 Eier in der Umgebung des Hundes ab. Die Larven schlüpfen nach zwei bis vier Tagen. In kurzer Zeit werden die Larven erwachsen und bemächtigen sich ihres Wirtes. So kann man sich ausrechnen, wie schnell es zu einer Flohinvasion kommt.

Und wer glaubt, der Floh gehe nur auf den Hund, der irrt sich gewaltig! Sicher, solange der Floh den Hund in greifbarer Nähe hat, wird er immer versuchen, an diesem Blut zu saugen. Aber was passiert, wenn Sie den Hund mit einem Antiflohmittel einsprühen? Solange der Floh noch kann, wird er flüchten und sich dem nächstbesten Wirt zuwenden. Ist kein anderer Hund greifbar, so ist der Mensch dran!

Am besten badet man den Pudel mit einem wirksamen Antiflohmittel, das die Flöhe sofort abtötet. Oder man geht mit dem Hund ins Freie und sprüht ihn dort mit dem entsprechenden Mittel ein. Nach einem zweistündigen Spaziergang sind die Flöhe verschwunden. Anschließend ist ein Bad fällig, weil der Pudel die ins Fell eingesprühte Chemikalie nicht ablecken darf.

Flohkämme sind ebenfalls sehr nützlich.

Außerdem werden zu Hause noch sämtliche Stellen, an denen der Hund liegt, mit dem Parasitenspray behandelt. Man denke dabei an sein Körbchen, Plätze auf dem Teppich und an die Decke im Auto.

Im Zoofachhandel werden auch Flohbänder angeboten, die aber allenfalls zur Vorbeugung dienen. Bei einem massiven Flohbefall reichen sie zur Behandlung nicht aus. Verwenden Sie nur Bänder mit pflanzlichen Wirkstoffen, bei denen auf der Packung angegeben ist, daß sie auch bei Jungtieren angewendet werden dürfen und unschädlich für Mensch und Tier sind. Andere Bänder könnten Giftstoffe enthalten, die die Leber belasten.

Zecken

Hauptsächlich im Frühjahr und Frühsommer treiben diese kleinen Plagegeister ihr Unwesen. Man fin-

Zwergpudelhündin schwarz

det sie hauptsächlich im Unterholz, auf Sträuchern und Büschen, aber auch auf Wiesen. Sie orten ihr Opfer durch Gerüche und Temperatur und lassen sich dann auf dieses fallen.

Die Zecke sucht sich ihren Weg zur Haut und beißt zu. Wird sie nicht entdeckt, kann sie sich in aller Ruhe mit Blut vollsaugen. Leider besteht beim Zeckenbiß die Gefahr, daß durch den Speichel Krankheiten übertragen werden – z. B. die Frühsommer-Enzephalitis (Hirnhautentzündung, die besonders für den Menschen gefährlich ist) sowie die Lyme-Borreliose, die auch schon bei Hunden aufgetreten ist. Vorsicht ist also am Platze!

Als Hundebesitzer sollte man sich auf jeden Fall gegen diese Hirnhautentzündung impfen lassen, denn es kann eine noch oberflächlich im Fell des Hundes befindliche Zecke herunterfallen, wenn man den Hund z. B. auf den Arm nimmt, und sich des Menschen bemächtigen. Aber auch geimpfte Personen sollten die Bißstelle einer Zecke einige Tage lang beobachten. Entzündet sich diese und entsteht ein roter Vorhof, so suchen Sie bitte schnellstens einen Arzt auf.

Wie aber schützt man den Pudel vor den Zecken? Für den Hund sind diese beiden Maßnahmen am gesündesten:

- Meiden Sie in der warmen Jahreszeit bei Spaziergängen Wälder und sich anschließende Wiesen, und lassen Sie den Hund so wenig wie möglich unter Büschen und Sträuchern herumschnüffeln.
- Ein altes Hausmittel hat sich bewährt und ist gesünder als jede chemische Maßnahme: Man gibt einige Tropfen Eukalyptusöl auf die Handinnenfläche und reibt dieses über den Rücken des Hundes. Der Geruch des Öls ist der Zecke zuwider, und sie wird sich nur selten auf dem Hund niederlassen. Die »Behandlung« ist vor jedem Gassigehen zu wiederholen.

Nach jedem Spaziergang suchen Sie den Pudel gründlich nach Zecken ab. So kann man die Plagegeister, die oberflächlich im Fell sitzen, noch vor dem Biß entfernen.

Ist es aber doch einmal passiert, entfernen Sie den Parasit vorsichtig mit einer Zeckenzange (in Zoofachhandlungen erhältlich). Vor dem Entfernen betupfen Sie die Zecke auf keinen Fall mit Öl, Klebstoff oder sonstigen Mitteln. Die Zecke würde durch diese Mittel absterben, ihren Mageninhalt in die Bißwunde entleeren und dadurch erst recht Erreger übertragen.

Man erfaßt die Zecke mit der Zeckenzange ziemlich weit unten am Kopf und dreht sie ganz langsam (ohne Zug) vorsichtig nach rechts oder links heraus.

Bandwürmer

Die Symptome sind am Anfang Juckreiz am After, dieser macht sich durch »Schlittenfahren« bemerkbar. Bei stärkerem Befall sind dann ernsthafte gesundheitliche Störungen zu erwarten. Der Hund magert ab (trotz außergewöhnlich gutem Appetit), es kommt zu Darmentzündungen und damit auch zu Durchfällen.

Die giftigen Zerfallsprodukte der Bandwürmer lösen oft auch Krämpfe und Erregungszustände aus, und die Leber wird geschädigt. Zum Schluß kann der Hund daran zugrundegehen.

Die Ansteckung mit einem Bandwurm erfolgt nie von Hund zu Hund, sondern immer über Zwischenwirte. Dies sind der Hundefloh, landwirtschaftliche Nutztiere, aber auch Hasen, Rehe usw. Der Hund kann sich also beim Zerbeißen und Verschlucken eines Flohs oder beim Verzehr von rohem Fleisch oder rohen Innereien infizieren.

Wegen seiner besonderen Gefährlichkeit für den Menschen ist es notwendig, den Dreigliedrigen Hundebandwurm und den Fuchsbandwurm besonders zu erwähnen.

Der Dreigliedrige Hundebandwurm *(Echinococcus granulosus,* 2–7 mm lang) und der fünfgliedrige Fuchsbandwurm *(Echinococcus multilocularis,* ca. 1–3 mm lang) verursachen beim Menschen die sogenannte Echinokokkose. Überträger sind der Fuchs und gelegentlich auch der Hund. Beide Bandwürmer leben im Dünndarm der Tiere und verursachen krankhafte Veränderungen, die sich auf den gesamten Organismus auswirken können. Die Bandwürmer scheiden Eier aus, diese gelangen mit dem Kot ins Freie. Sie stellen für geeignete Zwischenwirte, zu denen auch der Mensch gehört, eine Infektionsgefahr dar.

Nachweisen läßt sich der Bandwurmbefall beim Hund durch ausgeschiedene weiße Bandwurmglieder (ca. 0,6–2 mm groß), die auf der Kotoberfläche zu sehen sind.

Um die Infektionsgefahr für den Hundebesitzer möglichst gering zu halten, sollte man den Hundekot ca. alle drei Monate von einem Tierarzt auf Bandwürmer untersuchen lassen. Eine prophylaktische Entwurmung des Hundes ist nicht sinnvoll, da die Bandwürmer auf herkömmliche Entwurmungsmittel nicht ansprechen. Bei der mikroskopischen Untersuchung des Kotes wird auch auf andere Würmer geachtet. Ist der Hund nicht verwurmt, kann man ihm die Eingabe des Wurmmittels ersparen.

Trotzdem muß nochmals darauf hingewiesen werden, daß die Ansteckung mit einem der beiden Bandwürmer für den Menschen katastrophale Folgen haben kann und daß man in dieser Sache auf keinen Fall nachlässig sein sollte.

KAPITEL 10

Die richtige Erziehung des Pudels

Das ist doch für einen Pudel kein Hindernis! (Zwergpudel silber)

Jeder Hund muß erzogen werden. Ein unerzogener Hund ist nicht nur eine Plage für seine Umwelt, sondern bringt sich selbst unter Umständen auch in Gefahr.

Die wichtigsten Grundregeln bei der Erziehung sind:

- Der Pudel muß ein Kommando erst einmal kennenlernen, damit er weiß, was wir von ihm wollen.
- Durch häufiges Üben wird das gelernte Kommando gefestigt. Dabei immer tüchtig loben!
- Wir geben bei der Erziehung nur dann ein Kommando, wenn wir die Befolgung auch durchsetzen können, der Hund also in unserem Einwirkungsbereich ist.

Das Kommando »Komm«

Insbesondere das Herankommen lernt der Hund oft schon allein dadurch, daß wir immer dann, wenn er zu uns kommt, mit freudiger, lockender Stimme »Hier« oder »Komm« sagen und ihn dann tüchtig loben. Man kann mit dem Futter oder einem Spielzeug winken oder sich einfach hinhocken – all das lockt den Welpen, und sein Herankommen wird er mit unserem Kommando und Lob verknüpfen.

Falls es so nicht klappt, muß man ihm das Herankommen systematisch beibringen: Er wird mit Halsband und langer Leine in sein Körbchen oder eine Ecke des Raums gesetzt, und Sie entfernen sich mit der Leine in der Hand einige Meter. Auf den Befehl »Komm« sollte er nun zu Ihnen kommen. Tut er das nicht, ziehen Sie ihn an der Leine vorsichtig zu sich heran.

Bei Ihnen angekommen, wird der Pudel, auch wenn er nicht freiwillig gekommen ist, ausführlich gelobt. Auf diese Art wird ihm bewußt gemacht, daß es immer eine angenehme Sache ist, zu seinem Menschen zu kommen.

Mit der Zeit können Sie dann auch einen Versuch ohne Leine starten, und wenn alles klappt, verlegen Sie den Übungsplatz nach draußen und beginnen dort zunächst wieder mit der Leine.

Wenn Ihr Pudel später einmal auf Ihr Rufen hin nicht sofort und erst auf den fünften Ruf hin zu Ihnen kommt, dürfen Sie ihn trotzdem nicht tadeln, sondern müssen ihn unbedingt loben, wenn er endlich bei Ihnen ist. Er würde sich sonst für sein Kommen bestraft fühlen, und die ganze Erziehung wäre umsonst.

Das Kommando »Sitz«

Bei dieser Übung verfährt man nach dem gleichen Prinzip: Wenn der Welpe sich gerade hinsetzt, sagen wir »Sitz«. Er wird sich meist von selbst hinsetzen, wenn wir mit erhobenem Zeigefinger seine Aufmerksamkeit auf uns lenken oder einen kleinen Leckerbissen über seinen Kopf halten.

Notfalls drücken Sie mit der Hand vorsichtig sein Hinterteil hinunter, während Sie »Sitz« sagen. Auf diese Weise sorgen Sie dafür, daß er Hörzeichen und Tätigkeit verknüpft. Und das Loben nicht vergessen, wenn er sich gesetzt hat!

Das Kommando »Platz«

Danach lernt der Pudel »Platz«. Wenn er sitzt, halten wir die geschlossene Hand (mit oder ohne Leckerchen) dicht vor ihm auf die Erde und sagen »Platz«. Neugierig wird er sich hinlegen, um die Hand zu erkunden.

Falls es so noch nicht klappt, ziehen Sie vorsichtig seine Vorderbeine nach vorne und drücken leicht auf die Schultern, so daß er sich hinlegt, und loben ihn dann.

Das »Pfötchengeben«

Das Pfötchengeben ist eine der leichtesten Übungen überhaupt, weil es an den Milchtritt der Welpen anknüpft (sie drücken mit den Vorderpfoten an die Zitzen).

Nach dem Befehl »Gib Pfötchen!« nehmen Sie selbst eine Vorderpfote des Pudels in die Hand und schütteln diese ganz leicht. Wenn Sie dies oft genug wiederholt haben, wird Ihnen der Hund irgendwann von allein die Pfote reichen.

Das Pfötchengeben lernen Pudel schnell.

Das Kommando »Aus!«

»Aus!« bedeutet, daß der Hund etwas hergeben soll, das er gerade im Maul hat. Es ist sehr wichtig, daß der Hund das lernt, ja, es kann sogar lebenswichtig sein! Auf der Straße liegen leider immer wieder Lebensmittel herum, die verdorben oder vielleicht sogar vergiftet sind. Wenn Sie merken, daß Ihr Pudel so etwas aufnehmen will, und Sie befehlen »Aus!«, wird er den Gegenstand wieder fallen lassen.

Sie üben dies, wenn der Hund gerade einen Hundekuchen oder einen Knochen »in der Mache« hat. Wenn er den Gegenstand nach dem Kommando »Aus!« nicht fallen läßt, nehmen Sie ihm den Knochen aus dem Maul.

Natürlich muß man dies schon mit dem Welpen üben; als Erwachsener wird er es sich möglicherweise nicht mehr gefallen lassen.

Den Befehl »Aus!« werden Sie auch beim Apportieren wiederfinden. Dem Pudel liegt das Apportieren im Blut, und wenn Sie einen Ball oder ein Stöckchen werfen, wird er freudig hinterherlaufen und den Gegenstand zurückbringen. Hier benötigen wir nun wieder das Kommando »Aus!« Wenn der Hund den Befehl bereits beherrscht,

wird er Ihnen dann den Ball wieder vor die Füße legen, und das Spiel kann von neuem beginnen.

Das Alleinbleiben

Jeder muß mal einen Gang erledigen, und der Hund kann nicht dabeisein. Deshalb muß der Pudel lernen, auch mal für ein paar Stunden allein zu bleiben. Leider gefällt das so manchem Hund überhaupt nicht, und kaum hat sich die Haustür hinter Frauchen geschlossen, tut er dies auch lautstark kund! Mit einem Trick und etwas Geduld kann man ihm die Unart abgewöhnen.

Sie verlassen zum Schein die Wohnung und schließen die Tür hinter sich. Fängt er nun an zu winseln oder zu jaulen, schließen Sie die Tür wieder auf und stürmen unter lautem Geschimpfe in die Wohnung, auf den Hund zu. Sie schelten ihn lautstark aus und entfernen sich dann wieder aus der Wohnung.

Es wird nun schon etwas länger dauern, bis das Hundchen sein Konzert wieder anstimmt; dann verfahren Sie wieder wie zuvor beschrieben. Mit der Zeit werden die Abstände vom Verlassen der Wohnung bis zum Beginn des Jaulens immer länger werden. Verlieren Sie nicht die Geduld; es kann sein, daß der Pudel erst nach zehn Minuten wieder anfängt zu winseln. Dann sollten Sie noch vor der Tür parat stehen, um die ganze Zeremonie zu wiederholen.

Unter Umständen muß man die Übung einige Wochen lang exerzieren, bis sich der gewünschte Erfolg einstellt.

Vieles kann man bereits im Vorfeld tun: Lassen Sie den Welpen immer wieder einmal für kurze Zeit allein, ohne Aufhebens darum zu machen. Er lernt dann, daß Sie immer wiederkommen.

Wenn Sie vor Ihrer Abwesenheit einen Spaziergang einplanen, so daß der Pudel sich lösen und austoben konnte, wird er die Zeit vielleicht zum Ausruhen nutzen. Leise Radiomusik hilft ihm ebenfalls, sich nicht so allein zu fühlen.

Agility

Für Agility gibt es viele treffende Umschreibungen: Hindernislauf für Pudel, Bewegung für sechs Beine, kontrolliertes Spiel.

Der Agility-Parcours beinhaltet viele verschiedene Hindernisse.

Auch der Laie erkennt auf den ersten Blick Parallelen zum Springsport von Pferden, denn die Pudel müssen verschiedene Hürden überwinden. Sprünge sind aber nicht die einzigen Hindernisse eines Agility-Parcours. Einige Hindernisse werden mit dem Kommando »Durch« angegangen: der Reifen, der Tunnel, der Sack. Daneben gibt es Geräte mit Kontaktzonen (Wand, Steg, Wippe): Bereiche, die jeweils vorne und hinten berührt werden müssen. Ganz ungewöhnlich, aber für die Zuschauer besonders attraktiv ist der Slalom, durch den der Hund sich hindurchschlängelt.

Die verschiedenen Geräte sollen möglichst fehlerfrei und in einer guten Zeit bewältigt werden. Dabei bringen die meisten Hundeführer ihren Puls auf 130. Nur wenige Sportler können ihren Hund, ohne sich selbst ein wenig zu bewegen, nur mit Zuruf und Zeigen über den Parcours schicken.

Fehler gilt es zu vermeiden (Abwurf einer Stange, Auslassen einer Kontaktzone). Auch Zeitfehler verschlechtern die Leistung. Das Verweigern von Hindernissen ist eine unangenehmere Fehlerquelle, denn drei Verweigerungen im gesamten Umlauf bedeuten das Aus (Disqualifikation). Ausscheiden muß man auch, wenn der Hund den vorgeschriebenen Lauf verläßt.

Übrigens: jeder Wettbewerb weist einen anderen Parcours auf, den sich der Sportler erst kurz vor dem Start anschauen und einprägen kann.

Es gibt international zwei Leistungsstufen (A1, A2) mit unterschiedlicher Parcoursführung und Laufgeschwindigkeit. Um den Bedürfnissen und Wünschen seiner Mitglieder entgegenzukommen, hat der DPK einige klubinterne Regelungen eingeführt. So soll der Einstieg in den Wettkampfsport durch eine Beginner-Stufe erleichtert werden. Außerdem sind für Junioren und Senioren Sonderregelungen vorgesehen. Ältere Pudel brauchen auch nicht mehr so hoch zu springen.

Im Bereich der FCI hat man auch bestimmte Änderungen geplant. Gibt es bis heute die Unterscheidung zwischen Mini- und Maxihunden, so wird man in Zukunft in vier Klassen starten: Mini (bis 35 cm Schulterhöhe), Standard (bis 50 cm), Maxi (über 50 cm) und Molosser (besonders große und schwere Hunde).

Zusammenfassend kann man sagen: Agility ist ein großer Spaß für das Team Mensch und Hund und fördert das Interesse am Hund und am Hundesport. Zum Schluß eine bescheidene Anmerkung: Der Pudel ist von seinen Anlagen her eine exzellente Rasse für diesen Sport.

Pudel sind sportlich und gelehrig.

KAPITEL 11

Krankheiten des Pudels

Regelmäßige Gesundheitskontrollen sind wichtig.

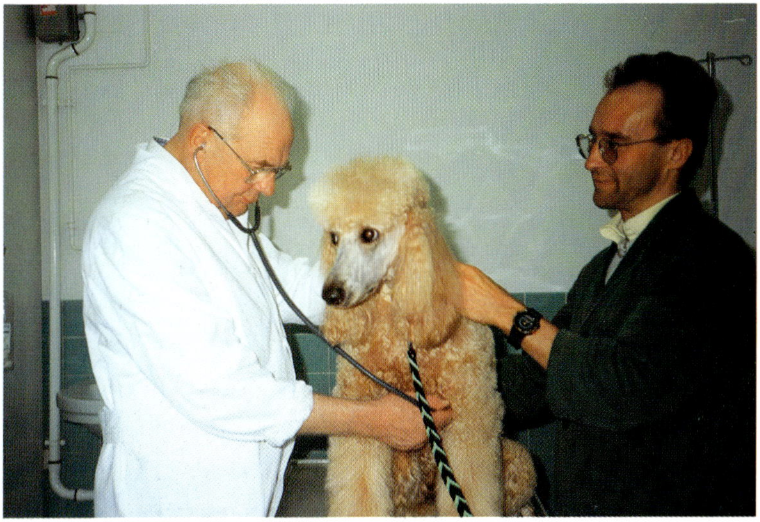

Durchfall

Meist ist Durchfall ernährungsbedingt, entweder durch ungewohnte Kost oder etwas, was der Hund im Freien aufgenommen hat. Die Therapie besteht aus einer Diät über zwei bis drei Tage. Am ersten Tag bekommt der Pudel nur schwarzen Tee mit etwas Süßstoff, der ihm evtl. mit der Spritze (ohne Nadel!) ins Maul verabreicht wird. Am zweiten und dritten Tag erhält der Patient mageres, gekochtes Rindfleisch ohne Brühe, gekochten Milchreis mit geriebenen, rohen Karotten oder Äpfel.

Wenn der Durchfall abgeklungen ist, kann man wieder zur gewohnten Fütterung übergehen.

Selbstverständlich kann der Durchfall auch durch andere Faktoren, wie z. B. Infektionen, Parasiten, Gifte, Fremdkörper und Allergien, ausgelöst werden. In solchen Fällen wird der Durchfall länger anhalten (mehr als einen Tag), evtl. kommen Erbrechen und Blutbeimengungen im Kot hinzu. Jetzt ist der Durchfall lebensbedrohend, es besteht die Gefahr der Austrocknung, der Tierarzt ist dringend aufzusuchen.

Erbrechen

Das Erbrechen kann, genau wie der Durchfall, vielfältige Ursachen haben.

Gelegentliches Erbrechen ist meist harmlos, der Hund kann es sogar provozieren. Oft handelt es sich um einen verdorbenen Magen durch falsche Fütterung oder ungewohnte Kost. In diesem Fall empfiehlt sich ein Fütterungsverbot über 24 Stunden. Dann beginnt man wieder mit leichtverdaulicher Kost, über den Tag auf mehrere Mahlzeiten verteilt. Man gibt mageres Muskelfleisch, Hüttenkäse, Reis- oder Haferschleim mit etwas Salz. Auf keinen Fall füttert man Fertig- oder Trockennahrung, kein Gemüse, keine Knochen oder Milch.

Beim **Nüchternerbrechen** wird nur gelblicher, schaumiger Magensaft ausgespuckt. Sollte dies beim Hund öfter vorkommen, kann man es durch Änderung der Futtergewohnheiten meist abstellen. Beraten Sie dies mit Ihrem Tierarzt.

Das **Erbrechen von hellem Blut** deutet meist auf Verletzungen der Mundhöhle oder der Speiseröhre hin, verursacht durch Knochensplitter und Fremdkörper. Gehen Sie zum Tierarzt!

Anhaltendes, krankhaftes Erbrechen, oft begleitet von Fieber, Mattigkeit und Durchfall, deutet auf eine ernstere Erkrankung des Hundes hin. So besteht die Möglichkeit einer Vergiftung, einer Magenschleimhautentzündung, von Darminfektionen mit Viren oder Bakterien, Nierenversagen (Urämie), Lebererkrankungen, Funktionsstörungen der Bauchspeicheldrüse sowie einer Gebärmuttereiterung.

Sollte der Hund also aus ungeklärten Gründen anhaltend erbrechen, ist unbedingt der Tierarzt aufzusuchen!

Magendrehung

Bei größeren Hunderassen kommt es manchmal zu einer Magendrehung. So gibt es dieses akut verlaufende, lebensbedrohliche Ereignis, wenn auch selten, auch beim Großpudel. Die Magendrehung tritt meistens nach einer größeren Futter- oder Flüssigkeitsaufnahme auf, diese kann aber auch schon einige Stunden zurückliegen.

Wegen irgendwelcher Gärungen bildet sich im Magen viel Gas, und schließlich, insbesondere bei heftiger Bewegung, dreht er sich um die eigene Achse (bis zu 180 Grad). Durch diese Drehung wird die Speiseröhre bei ihrer Einmündung in den Magen und ebenso der Magenausgang zugedreht. Dadurch würgt der Hund, ohne erbrechen zu können. Der Körper zeigt hinter dem Rippenbogen eine Wölbung (Aufblähung). Das Tier fühlt sich immer elender. Hinzu kommt, daß durch die große Ausdehnung des Magens große Blutgefäße abgedrückt werden. Dies hat katastrophale Auswirkungen für den Kreislauf. Es kommt zum Schock, und der Tod tritt ein.

Bringen Sie beim geringsten Verdacht auf Magendrehung Ihren

Pudel unverzüglich zum Tierarzt beziehungsweise zum tierärztlichen Notdienst!

Bei einer Magendrehung kann man erste Hilfe leisten, indem man mit einer Injektionsnadel in die aufgeblähte Stelle sticht. Diese Druckentlastung rettet dem Hund das Leben, und man kann in normalem Tempo den Tierarzt aufsuchen. Bitte lassen Sie sich bei einem Routinebesuch von Ihrem Tierarzt genau erklären, wie man es macht.

Um der Magendrehung vorzubeugen, verteilt man das Futter auf mehrere kleine Mahlzeiten am Tag und verhindert, daß der Pudel nach dem Fressen wild herumtobt.

Bindehautentzündung

Die Bindehautentzündung kann als Begleiterscheinung von Infektionskrankheiten, wie z. B. Staupe oder einer Erkältungskrankheit, auftreten. Hier soll aber von einem normalen Bindehautkatarrh (Entzündung der Bindehaut), der durch dauernde Reizungen des Auges durch Schmutzteilchen entsteht, die Rede sein.

Die Therapie besteht aus lokal einzubringenden Antibiotika, Kortison oder, falls nötig, Antimykotika (pilzabtötende Mittel) in Tropfen- oder Salbenform nach Diagnose und Verordnung durch den Tierarzt.

Sollte die Entzündung der medikamentösen Behandlung trotzen, muß auch ein Verschluß des Tränen-Nasen-Kanals in Erwägung gezogen werden. Dazu kann es durch die Entzündungsvorgänge kommen.

Eine weitere, sehr häufig vorkommende Form der Bindehautentzündung ist der Follikelkatarrh. Er ist erkennbar durch die auf der Innenseite der Nickhaut gelegenen kleinen, geröteten Follikelknötchen. Die Ursache für diese Form der Bindehautentzündung sind ebenfalls ins Auge geratene Schmutzteilchen. Dem Follikelkatarrh ist nur mittels einer kleinen chirurgischen Maßnahme beizukommen. Die Ausschabung der Knötchen wird unter örtlicher Betäubung mit einer Kürette vorgenommen.

Noch ein Wort zur Säuberung der Augenränder. Der zu diesem Zweck oft eingesetzte Kamillentee ist absolut nicht geeignet. Bei fortgesetztem Gebrauch des Tees fallen die Haare kreisförmig um die Augen herum aus. Zur Säuberung eignet sich einfaches lauwarmes Leitungswasser wesentlich besser. (Nie Borwasser verwenden!)

Erbkrankheiten

Nachfolgend aufgeführte Erbkrankheiten sind eigentlich nicht als »pudeltypisch« zu bezeichnen, sie treten ebenso bei anderen Hunderassen auf. Züchter guter Zuchtvereine sind bemüht, dieser Problematik zu begegnen und durch entsprechende Zuchtauswahl die Krankheiten auszumerzen. Besonders bestrebt ist man, die PRA

und die HD auszuschalten, indem man nur voruntersuchte Hunde zur Zucht zuläßt.

Progressive Retinaatrophie (PRA)

Die rezessiv vererbte PRA führt zur vollständigen Netzhautablösung, der Pudel erblindet. Spezialisierte Tierärzte können diese Erkrankung durch eine Untersuchung des Augenhintergrundes sehr früh feststellen, sie kann aber leider nicht geheilt werden.

Hüftgelenksdysplasie (HD)

Die beim Großpudel gelegentlich vorkommende HD ist eine angeborene Entwicklungsstörung der Hüftgelenkspfanne und des Oberschenkelkopfes. Eine Diagnose durch Röntgen ist erst nach Vollendung des ersten Lebensjahres möglich. Symptome der HD: Schwierigkeiten beim Treppensteigen, schwankender Gang, schmerzhaftes Aufstehen und ein leichtes Nachziehen der erkrankten Gliedmaßen.

Wenn eine Beschwerdefreiheit medikamentös nicht erreichbar ist, ist als einfachere operative Maßnahme an die Muskeldurchtrennung an der Innenseite des Oberschenkels (Musculus Pectineus) zu denken. Durch diese Operation läßt der Druck auf das Hüftgelenk nach, und der Hund bewegt sich meist ohne Schmerzen. Im fortgeschrittenen Stadium der HD gibt es noch die Alternative der operativen Einsetzung eines neuen Hüftgelenkes.

Selbstverständlich sind Pudel, bei denen die HD diagnostiziert wurde, von der Zucht ausgeschlossen.

Tränende Augen

Das erblich bedingte Tränen der Augen kann durch verschiedene Faktoren ausgelöst werden. So beispielsweise durch Verstopfung der im inneren Augenwinkel gelegenen Tränen-Nase-Kanäle. Meist ist eine Verengung des Tränenkanals die Ursache, was häufig bei Toy- und Zwergpudeln vorkommt. Eine Durchspülung des Tränenkanals schafft, zumindest für einige Zeit, Abhilfe.

Eine weitere Ursache von Tränenfluß kann auch die Einwärtsrollung des Lidrandes (Entropium) oder eine angeborene Wimpernreihenverdoppelung (Distichiasis) sein. Beide Ursachen können durch eine kleine Operation behoben werden. Die Hunde sollten nicht zur Zucht verwendet werden.

Patellaluxation

Die Patella (Kniescheibe) liegt bei normaler Lage in einer Rille des unteren Oberschenkelgelenks. Gleitet sie aus dieser Lagerung, d. h., sie luxiert, kann der Hund die Hinterhand nicht mehr strecken, kann also nur noch eingeschränkt oder gar nicht laufen. Das einzige Mittel ist die Operation, bei der die Patella mittels Draht oder Kunststoffäden fixiert wird.

Infektionen

Glücklicherweise gibt es heutzutage Schutzimpfungen gegen Infektionen, die früher oft tödlich endeten. Die erste Impfung sollte der Welpe in der siebten bis achten Lebenswoche beim Züchter erhalten haben. Mit zwölf Wochen wird diese Grundimmunisierung wiederholt. Die weiteren Impftermine entnehmen Sie bitte dem Impfkalender.

Aujeszkysche Krankheit (Pseudowut)

Die Pseudowut ist eine Viruserkrankung und führt zu Störungen des Zentralnervensystems. Sie endet beim Hund immer tödlich, der Mensch kann sich jedoch nicht infizieren. Hauptwirt des Virus ist das Schwein, und somit wird die Krankheit meist durch Fütterung von rohem Schweinefleisch auf den Hund übertragen.

Symptome: Nach einer Inkubationszeit von zwei bis vierzehn Tagen fängt der Hund an zu erbrechen oder zu würgen, er fiebert (bis zu 41 °C), sein Gang wird schleppend und unsicher, sein Verhalten ist ängstlich und verwirrt. Besonders auffallend ist, daß der Hund sich wegen des hochgradigen Juckreizes fortgesetzt kratzt. Er winselt, jault und bellt, ja, manchmal schreit er vor Schmerz. Gelegentlich werden die Tiere auch aggressiv. Nach qualvollen Stunden wird der Hund dann bewußtlos und stirbt innerhalb von zwei bis drei Tagen.

Hundeimpfkalender

Alter	Impfung gegen:
7.–8. Lebenswoche	(Grundimmunisierung:) Staupe, Parvovirose, Leptospirose, Hepatitis, Zwingerhusten
12. Lebenswoche	Wiederholung der Grundimmunisierung
14. Lebenswoche	Tollwut
jährlich	Hepatitis, Tollwut, Parvovirose, Leptospirose, Zwingerhusten
alle 1–2 Jahre	Staupe

Ein Impfstoff ist leider noch nicht vorhanden, er befindet sich zur Zeit noch im Entwicklungsstadium. Der Aujeszky-Virus ist jedoch hitzeempfindlich. So kann man seinen Hund schützen, indem man nur gekochtes Fleisch zur Fütterung verwendet. Auch Rindfleisch sollte gekocht werden, da es in der Metzgerei evtl. mit Schweinefleisch in Berührung gekommen sein kann.

Zwingerhusten

Der Zwingerhusten ist eine Erkrankung der oberen Luftwege. Symptome: Trockener Husten, der durch Anstrengung oder Aufregung ausgelöst werden kann. Er tritt auch als krampfartiger Anfall auf und kann bis zum Brechreiz führen. Es kommt oft zu einer Mandelentzündung, Fieber und einer Art Schnupfen, dessen Sekret klarflüssig bis eitrig schleimig sein kann.

Die Ansteckung erfolgt durch Tröpfcheninfektion, für den Ausbruch der Krankheit ist meist das Bakterium *Bordetella bronchiseptica* verantwortlich. Möglich ist auch, daß die Erkrankung durch ein Virus ausgelöst wird; in vielen Fällen kommt es auch zu Mischinfektionen. Der Krankheitsverlauf dieser Mischinfektionen ist ernster und anhaltender als der der Einfachinfektion. Es können Komplikationen bis hin zur Lungenentzündung auftreten, in besonderen Fällen endet der Zwingerhusten sogar tödlich.

Die Krankheitsübertragung erfolgt meist bei größeren Hundeansammlungen, wie zum Beispiel Hundeausstellungen. Ausstellern wird empfohlen, ihre Hunde rechtzeitig vor der Show impfen zu lassen. Der Kombinationsimpfstoff gegen die verschiedenen Erreger bietet einen verläßlichen Schutz gegen den Zwingerhusten.

Zur Auffrischung ist die Impfung jährlich zu wiederholen.

Staupe

Die Staupe ist die häufigste aller Infektionskrankheiten des Hundes. Die beiden bekanntesten Formen sind wohl die »Darm-« und die »Lungenstaupe«. Die Staupe kommt meist bei Junghunden im Alter bis zu zwölf Monaten vor, es können aber auch erwachsene Tiere erkranken. Die Krankheit erwischt meist ungeimpfte Hunde oder solche, deren Impfung länger als ein Jahr zurückliegt.

Glücklicherweise ist diese Viruserkrankung nicht auf den Menschen übertragbar. Übertragen werden die Staupeerreger durch den unmittelbaren Kontakt von Hund zu Hund, wie zum Beispiel durch Beschnüffeln, aber auch durch Tröpfcheninfektion. Die Inkubationszeit beträgt drei bis sieben Tage.

Die ersten Symptome der Viruserkrankung sind das Ansteigen der Körpertemperatur bis zu 41 °C und ein starker Augen- und Nasenfluß. Zu weiteren Symptomen gehören auch Durchfall und Brechreiz. Nach ca. zwei Tagen fällt die Körpertemperatur wieder auf normale Werte, wenige Tage später kommt es zu erneutem Fieberanstieg.

Im zweiten Krankheitsstadium wird die Infektion meist noch durch Bakterien kompliziert. Die Lungenstaupe macht sich nun durch eine

Großpudelhündin apricot

Bronchitis bemerkbar, während die Darmstaupe durch Brechreiz, Durchfall und Nahrungsverweigerung gekennzeichnet ist. Das übliche Krankheitsbild der Staupe hat sich in der letzten Zeit so oft geändert, daß es von der bekannten Symptomatik oft Abweichungen gibt. Geändert hat sich jedoch leider nichts an den Todesfällen, die bereits in den ersten Tagen nach Beginn der Erkrankung eintreten können. Andererseits haben schon viele Hunde nach längerer Krankheitsdauer die Krankheit doch noch überstanden.

Regelmäßige Impfungen sind wichtig.

Tollwut

Der Erreger der Tollwut ist ein Virus, das das zentrale Nervensystem befällt. Die Tollwut kann bei wilden Tieren wie auch bei allen Haustieren auftreten. Der Erreger wird durch Speichel übertragen. Dies geschieht entweder durch einen Biß oder durch den Kontakt kleinerer Verletzungen mit dem infektiösen Speichel.

Die Inkubationszeit beträgt zwei Wochen bis sechs Monate, die Krankheitsdauer nur drei bis vierzehn Tage.

Im ersten Stadium bemerkt man eine Wesensveränderung und Unruhe beim Hund, einen gesteigerten Appetit wie auch vermehrten Speichelfluß. Im zweiten Stadium steigert sich der Appetit zur Freßgier, selbst unverdauliche Gegenstände werden gierig verschlungen. Die Unruhe des Hundes geht in Raserei über, und der Speichelfluß nimmt enorm zu. In dieser Phase treten auch bereits die ersten Lähmungserscheinungen auf.

Im dritten Stadium nimmt die Beißwut des Hundes wieder etwas ab, die Lähmungen aber schreiten fort. Schließlich geht der Hund an einer Atemlähmung zugrunde.

Die Tollwut fällt unter das Seuchengesetz und ist daher anzeigepflichtig. Jedem Tierarzt ist es gesetzlich verboten, einen tollwutkranken Hund zu behandeln. Dies wäre auch ziemlich sinnlos, denn eine Therapie gibt es nicht. Der einzige Schutz gegen diese aggressive Seuche ist eine regelmäßige Schutzimpfung.

Ansteckende Leberentzündung (Hepatitis contagiosa canis)

Die ansteckende Leberentzündung ist eine Viruserkrankung. Sie ist in ihren Symptomen der Staupe oft sehr ähnlich und tritt vorwiegend bei Junghunden auf. Die Inkubationszeit beträgt ein bis drei Tage. Das Virus wird hauptsächlich über den Urin ausgeschieden. Die Ansteckung erfolgt durch den Kontakt von Hund zu Hund oder evtl. auch durch Gegenstände, denen die Erreger anhaften.

Charakteristisch für die Hepatitis ist die geschwollene Leber. Der Bauch ist druckschmerzhaft, und im weiteren Verlauf tritt eine Gelbsucht auf. Die Therapie besteht in einer Verabreichung von Leberextrakten, Zuführung von Traubenzucker und Injektionen mit einem Vitamin-B-Komplex.

Der beste Schutz gegen diese Infektionskrankheit sind regelmäßige Impfungen.

Parvovirose

Die Parvovirose wird durch die sogenannten Parvoviren verursacht. Die Infektion erfolgt über den Kot, die Inkubationszeit beträgt fünf bis zwölf Tage. Für Junghunde bedeutet die Erkrankung oft den Tod innerhalb von ein bis drei Tagen, bei Welpen gibt es sogar plötzliche Todesfälle ohne vorherige Symptomatik.

Die häufigste Art der Parvovirose ist die, bei der die Magen-Darm-Infektion vorherrscht. Durch dauerndes Erbrechen und blutschleimigen Durchfall kommt es zu lebensbedrohlichen Austrocknungserscheinungen. Die Therapie besteht unter anderem aus Infusionen mit Kochsalzlösungen (Elektrolyte), darmberuhigenden Medikamenten und Antibrechmitteln.

Übersteht der Hund fünf bis sechs Krankheitstage, so besteht Hoffnung auf Genesung. Vorbeugend besteht die Möglichkeit der Impfung gegen diese lebensbedrohliche Seuche.

Leptospirose (Stuttgarter Hundeseuche)

Die durch Leptospiren verursachte bakterielle Infektion kommt in mehreren Formen vor und ist auch für andere Säugetiere und für den Menschen ansteckend. Die Inkubationszeit beträgt 12 bis 21 Tage. Die Übertragung des Erregers erfolgt durch den direkten Kontakt von Hund zu Hund, durch Urin oder Erreger, die sich in stehenden Gewässern, wie z. B. Pfützen und Teichen, befinden.

möglich, der sich über mehrere Wochen hinzieht.

Die Therapie der Leptospirose besteht aus Antibiotikagaben. Bei dieser typischen Hundeinfektion ist eine Schutzimpfung die beste Prophylaxe.

Zwergpudelhündin weiß

Jede Form der Leptospirose kann vielfältige Symptome auslösen, meist jedoch kommt es zu einer Nierenentzündung mit starkem Durstgefühl. Viele Hunde machen diese Erkrankung durch, ohne daß man diese als eine Leptospirose erkennt. Andererseits gibt es auch sehr akut verlaufende Fälle, die innerhalb kürzester Zeit zum Tode führen. Schließlich ist noch ein langwieriger Verlauf der Leptospirose

Gebärmutterentzündung, Gebärmuttereiterung

Die Gebärmutterentzündung (Metritis) wie auch die Gebärmuttereiterung (Pyometra) befällt vorwiegend ältere Hündinnen. Die Gebärmutterentzündung entsteht oft im Anschluß an eine Läufigkeit bzw. Scheinschwangerschaft (hormonelle Störung). Kommt zu der Gebärmutterentzündung noch eine bakterielle Infektion hinzu, so entwickelt sich häufig daraus eine Gebärmuttereiterung. Die auffallendsten Merkmale sind schlechter Appetit, starkes Durstgefühl, Fieber und meist ein gelber bis schokoladenfarbener Ausfluß aus der Scheide. Dieses letztere Symptom kann aber auch fehlen.

Die Gebärmutterinfektion kann mit Antibiotika behandelt werden. Ist die Metritis mit diesen Medikamenten nicht beeinflußbar, bleibt nur die Entfernung der Gebärmutter (Uterus) und der Eierstöcke. Bei der Pyometra ist eine solche Behandlung meist nicht mehr angebracht, da durch eine länger bestehende Gebärmuttereiterung andere Organe in Mitleidenschaft gezogen werden. So wird der Tierarzt auf eine baldige Operation drängen.

KAPITEL 12

Mit dem Pudel auf Ausstellungen

Die Puppy-Clip-Schur der weißen Zwergpudelhündin wird vor der Ausstellung noch einmal zurechtgemacht.

Geschichte

Hundeshows haben schon eine lange Tradition, die ersten fanden um 1860 in England statt. Die bis heute wahrscheinlich bekannteste Ausstellung wurde von CHARLES CRUFT 1891 ins Leben gerufen und findet weiterhin jährlich in Birmingham statt.

Der Ursprung des deutschen Hundeausstellungswesens ist in Hamburg, dort fanden die ersten Hundezuchtschauen um 1875 statt.

In den letzten Jahren des 19. Jahrhunderts entstanden dann die ersten Rassehundevereine. Sie schlossen sich zu einer Organisation zusammen, die bald den Anschluß ans Ausland suchte.

Auch an der Gründung der FCI (Fédération Cynologique Internationale) im Jahre 1911 nahm dieses Kartell teil. Die FCI ist seitdem die Organisation, die weltweit die Aufgaben im Hundewesen wahrnimmt.

Im Dritten Reich wurde das Kartell umbenannt in »Reichsverband für das deutsche Hundewesen«, 1949 bekam der VDH dann seinen bis heute gültigen Namen (Verband für das Deutsche Hundewesen) und kehrte 1951 zur FCI zurück.

Erster Höhepunkt des Hundeausstellungswesens nach dem Zweiten Weltkrieg war die Welthundeausstellung 1956.

Erst 1952 durfte in Deutschland auf internationalen Schauen auch wieder das CACIB vergeben werden. Doch es dauerte bis in die siebziger Jahre, bis Deutschland wieder ganz in das Hundeausstellungswesen integriert war. 1981 schließlich konnte der VDH für vier Tage wieder zur Welthundeausstellung nach Dortmund einladen, auf der über 8.000 Rassehunde vertreten waren.

Doch diese Ausstellung wurde 1991 noch übertroffen. Bei der Welthundeausstellung in der Dortmunder Westfalenhalle waren ca. 14.000 Rassehunde aus aller Welt eingetroffen und wurden von vielen Richtern aus dem In- und Ausland bewertet.

Zweck einer Hundeausstellung

Ausstellungen sind in erster Linie Veranstaltungen für Züchter, die dort ihre Hunde einem Richter vorstellen, um festzustellen, inwieweit diese dem Rassestandard entsprechen. Alle Rassehunde sollen ja dem Wunschbild des Standards möglichst nahekommen. Der Standard ist also die Grundlage für die Bewertung eines Hundes.

Auf Ausstellungen erhalten die Züchter wertvolle Informationen für ihre eigene Zucht, sie erfahren, wo sie mit ihrem gezüchteten Hund einzuordnen sind, und bekommen Anregungen für künftige Verpaarungen.

In der letzten Zeit gibt es aber auch immer mehr private Hundeliebhaber, die im Besitz eines schönen Hundes sind, aber keinerlei züchterische Absichten haben. Sie reisen von Ausstellung zu Ausstellung, nur aus Freude am Reisen und am Kennenlernen von Land und Leuten. Für sie ist das Ausstellen zum Steckenpferd geworden, trotz der damit verbundenen Kosten, Anstrengungen und Anspannungen.

Ausstellungen sind natürlich nicht nur für Aussteller gedacht, sondern auch für Besucher. Mancher Interessierte hat die Absicht, sich einen Rassehund zuzulegen, und will sich auf einer Hundeschau erst einmal darüber klar werden, welche Rasse überhaupt zu ihm paßt. Auch bietet sich die Gelegenheit, mit einem Experten über eine Rasse zu diskutieren, fachkundige Auskunft zu erhalten und viele Vertreter der ins Auge gefaßten Rasse anzusehen.

Auch die Werbung, die die Ausstellungen für den Rassehund darstellen, ist nicht zu unterschätzen. Die meisten Rassehundevereine und auch der Verband für das Deutsche Hundewesen haben dies erkannt und verteilen an ihren Ständen Informationsmaterial. Speziell der VDH ist daran interessiert, durch seine Aufklärungsarbeit dem »wilden« Hundehandel Einhalt zu gebieten.

Voraussetzungen

Der Hund muß in einem von der FCI anerkannten Zuchtbuch eingetragen sein, der Ahnenpaß ist auf die Ausstellung mitzubringen. Der Hund muß mindestens sechs Monate alt sein.

Der Pudel darf nur in folgenden Schurarten ausgestellt werden:

Modeschur
Englischer Saddle-Clip
Standard- oder Löwenschur
Puppyschur oder Second
Puppy-Clip
Continental-Clip

Alle anderen Phantasieschuren sind nicht zugelassen.

Der Pudel ist in folgenden Farben auf Ausstellungen zugelassen:

schwarz
weiß
braun
silber
braun
apricot
Nur auf DPK-Ausstellungen:
rot (red)
schwarz-loh
schwarz-weiß-gefleckt

Die Ausstellungsarten

Die Welthundeausstellung

Sie findet jedes Jahr in einem anderen Land statt, es wird dort der Tagestitel »Weltjugendsieger« und »Weltsieger« verliehen.

Die Bundessiegershow

Sie wird einmal jährlich vom VDH veranstaltet. Es ist der Titel »Deutscher Bundessieger« zu erlangen.

Die Europasiegershow

Sie findet alljährlich in Dortmund in der Westfalenhalle statt, ist vom VDH geschützt und vergibt den Titel »Europajugendsieger« und »Europasieger«.

Die Internationale Rassehundeausstellung (CACIB-Ausstellung)

Dort wird das begehrte »CACIB«, die Anwartschaft auf den »Internationalen Champion«, vergeben.

Zugelassene Größen sind:

Toypudel:	unter 28 cm	Schulterhöhe
Zwergpudel:	28 bis 35 cm	Schulterhöhe
Kleinpudel:	über 35 bis 45 cm	Schulterhöhe
Großpudel:	über 45 bis 60 cm	Schulterhöhe (wird bis 62 cm toleriert)

Bilder einer Ausstellung: Pudel bei der Schönheitskonkurrenz im Ring

Diese Schauen sind von der FCI und vom VDH geschützt und genehmigt. Die CACIB findet immer in Großstädten statt, es sind ca. acht bis zehn jährlich in der BRD.

DPK-Siegerschauen

Der Deutsche Pudelklub führt jährlich, jeweils in verschiedenen Städten, die DPK-Siegerschau, in Jubiläumsjahren eine Jubiläums-Siegerschau durch.

Die Titel

Der Weltsieger, der Bundessieger, der Europasieger und der DPK-Sieger sind Tagestitel und können auf der entsprechenden Ausstellung errungen werden.

»Internationaler Champion«

Wer das CACIB viermal in drei verschiedenen Ländern, davon einmal im Ursprungs- oder Heimatland, unter drei verschiedenen Richtern erringt, erhält von der FCI den Titel »Internationaler Champion« zuerkannt. Zwischen der ersten und der vierten Anwartschaft muß ein volles Jahr liegen, und der Hund muß bei der ersten Anwartschaft mindestens 15 Monate alt sein.

»Deutscher Champion« (VDH)

Für die Erringung des Titels »Deutscher Champion« sind vier Anwartschaften erforderlich. Die Anwartschaften werden jeweils nach gültigen Verleihungsbestimmungen des Verbandes für das Deutsche Hundewesen vergeben. Diese Titelanwartschaften werden vom VDH auf allen internationalen und allgemeinen Zuchtschauen sowie auf allen DPK-Schauen, die vom VDH geschützt sind, vergeben. Diese Anwartschaften werden nur in der Siegerklasse und der Offenen Klasse vergeben.

Der Titel wird vom VDH verliehen, wenn der Pudel:

a. vier bestätigte Anwartschaften von CACIB-Zuchtschauen nachweist oder

b. drei bestätigte Anwartschaften von CACIB-Zuchtschauen und eine bestätigte Anwartschaft von einer allgemeinen Rassehundeschau oder

c. drei bestätigte Anwartschaften von CACIB-Zuchtschauen und eine bestätigte Anwartschaft von einer durch den VDH geschützten Zuchtschau oder

d. zwei bestätigte Anwartschaften von CACIB-Zuchtschauen und zwei bestätigte Anwartschaften von einer durch den VDH geschützten Spezialschau nachweist.

Formwertnoten

Es werden folgende Formwertnoten vergeben:

Vorzüglich (V)
Sehr gut (Sg)
Gut (G)
Genügend (Ggd)
nicht Genügend (nGgd)

Für die Jüngstenklasse können vergeben werden:

Vielversprechend (VVd)
Versprechend (Vd)
nicht versprechend (nVd)

Klasseneinteilung

Jüngstenklasse:
Pudel im Alter von 6-9 Monaten
Jugendklasse:
Pudel im Alter von 9-18 Monaten
Offene Klasse:
Pudel im Alter ab 15 Monaten
Ehrenklasse:
Pudel mit bestätigten Siegertiteln ab 3 Jahren
Veteranenklasse:
Pudel im Alter ab 9 Jahren.

Vorbereitungen

Um an einer Ausstellung teilnehmen zu können, ist eine rechtzeitige Anmeldung beim jeweiligen Schauleiter erforderlich. In der Fachzeitung »Unser Rassehund« vom VDH (nur beim VDH selbst zu bestellen) werden die Termine der Ausstellungen und die Adressen der Schauleiter bekanntgegeben. Von ihnen erhält man das notwendige Meldeformular, das man ausgefüllt an sie zurückschickt. Auch die Meldegebühr muß bis zum Meldeschlußdatum bezahlt sein.

Schwarzer Großpudel bei der Vorführung im Ring

Nun vergewissern Sie sich noch, ob Sie mit allen Impfungen des Pudels auf dem laufenden sind (auch Tollwut!), denn der Impfpaß muß zur Ausstellung mitgebracht werden. Und bis es soweit ist, nützt man die Zeit noch für die praktischen Vorbereitungen.

So muß zum Beispiel die Pflege des Haarkleides des Pudels, je nach Schurart, schon viele Monate vorher beginnen. Wenn man nicht selbst die Fähigkeit besitzt, einen Pudel perfekt zu scheren, sollte man diese Aufgabe lieber einem Fachmann überlassen. Wenn der Pudel ein halbes Jahr vorher verschnitten wurde, ist dies ein Schaden, der bis zur Ausstellung bestimmt nicht wieder gutzumachen ist, und dies schlägt dann bei der Beurteilung des Pudels zu Buche. Man sieht zwar immer wieder Hundebesitzer, die ihren Hund schlecht frisiert vorstellen. Sie glauben, ein guter Richter erkenne einen schönen Hund auch so. Aber eine Ausstellung ist nun mal eine Schönheitskonkurrenz, und ein unfachmännisch gepflegter Hund hat da keine Chance.

Nun noch zum Ringtraining, das von jedem Hund, der zum erstenmal zur Ausstellung geht, absolviert werden muß. Dafür erwerben Sie in einem Fachgeschäft eine Vorführleine, mit ihr wird das richtige Laufen im Ring geübt. Man sucht sich ein geeignetes Gelände, etwa in der Größe eines Ausstellungsringes, und läßt den Pudel an der Vorführleine im mittelschnellen Laufschritt, an der linken Hand im Kreis herum, entgegen dem Uhrzeigersinn laufen. Der Hund muß sich flüssig bewegen, gut ausgreifend, ohne zu hüpfen oder gar am Führer hochzuspringen. Der Kopf und die Rute müssen dabei aufrecht getragen werden.

Auch das »Stehen« muß geübt werden, denn der Pudel muß eine anatomische Prüfung des Richters

Toypudelhündin apricot

im Stand über sich ergehen lassen. Bei dieser Gelegenheit wird auch das Gebiß des Hundes begutachtet, und der Richter wird dem Pudel das Maul öffnen. Hier kann man sich eine Menge Ärger ersparen, wenn man den »Ernstfall« schon ab und zu probt und einen »Fremden« dem Hund die Schnauze öffnen läßt.

Dazu sollte man wissen, daß Zahnfehler formwertmindernd sind, wenn sie nicht sogar zur Disqualifikation des Hundes führen (siehe Rassestandard, S. 37).

Wenn eine Ausstellung weit entfernt von Ihrem Heimatort stattfindet, müssen Sie auch noch rechtzeitig daran denken, daß Sie sich eine Unterkunft besorgen, denn manchmal gibt es nur begrenzte Übernachtungsmöglichkeiten. Nichts ist nämlich nervenaufreibender, als am Vorabend der Ausstellung von Hotel zu Hotel zu irren, und nicht zu wissen, wo man schließlich übernachten kann.

Am Vortag der Show denken Sie daran, daß Sie nichts vergessen:

- Meldebescheinigung
- Impfpaß
- Ahnenpaß
- Wasser- und Futternapf
- Hundefutter und Wasserflasche
- Vorführleine
- Bürste
- Hundekamm
- Friseurschere, falls es noch etwas nachzuschneiden gibt
- Hundedecke
- einen Klappstuhl pro Person
- falls vorhanden, einen Käfig

Zum Schluß noch ein Tip! Brechen Sie rechtzeitig auf, Sie müssen damit rechnen, daß Sie mit Ihrem Auto in einen Stau geraten. Möglicherweise finden Sie vor dem Schaugelände keinen Parkplatz in der Nähe.

Auch die Kontrolle des Tierarztes am Einlaß für die Hunde hält meistens recht lange auf, denn der Tierarzt überprüft bei jedem Hund die Gültigkeit der Impfpapiere und den Allgemeinzustand. Auch daß eine Hündin läufig ist, muß ausgeschlossen werden.

Und nun viel Glück!

KAPITEL

13

Die Zucht von Pudeln

Achtwöchige Zwergpudel apricot

Vorüberlegungen

Züchten heißt, nicht nur die Rasse zu vermehren, sondern die Qualität der Rasse zu steigern.

Viele Pudelliebhaber, die eine Hündin besitzen, sind der Meinung, daß eine Hündin einmal geworfen haben sollte, da sie dadurch weniger krankheitsanfällig sei. Von Tierärzten und Kynologen wurde aber schon lange nachgewiesen, daß dies nicht der Fall ist.

Außerdem werden heutzutage schon zu viele Hunde »produziert«.

Wer Pudel züchten will, muß sich auch darüber im klaren sein, daß dafür umfangreiche Kenntnisse in Genetik, Kenntnisse über die Rasse und Linienzucht erforderlich sind. Auch ist es keineswegs damit getan, die Hündin mit einem hochdekorierten Champion zu verpaaren, um gute Welpen zu züchten. Dafür ist ein umfangreiches Wissen über die Zusammenhänge der Ahnenreihen und der Vererbung notwendig. Schließlich will man dem Idealbild des Standards möglichst nahekommen.

Hundezucht, die ernsthaft betrieben wird, ist teuer, denn nach Abzug der Unkosten wie Mitgliederbeitrag an den Verein, Deck-, Fahr- und Übernachtungskosten, Tierarzt, Medikamente, Impfkosten, Inserate und, nicht zu vergessen, die Aufzucht der Welpen wie auch die nicht geringe Gebühr für den Ahnenpaß pro Welpe, kann man wohl nicht mehr von Profit sprechen, eher vom Gegenteil! Die eigene Arbeit, die man mit der Aufzucht der Welpen hat, darf man sowieso nicht rechnen.

Nicht eingerechnet sind auch die Anschaffungskosten für die Hündin, deren Ernährung, Steuer und Versicherung. Fast alle Hundezüchter gehen einem anderen Broterwerb nach, da man vom Hundezüchten meist nicht leben kann.

Natürlich gibt es auch Züchter im großen Stil, die mit Hundezüchten nur Geld verdienen wollen. Zu diesen sollte man sich aber nicht zählen. Bei solchen Züchtern wird an allen Ecken und Enden gespart, selbst für eine vernünftige Unterbringung und Ernährung der Welpen ist kein Geld vorhanden. Die Jungtiere werden nicht entwurmt, und das Impfen überläßt man dem neuen Besitzer. Selbstverständlich geht das auf Kosten der Gesundheit der Eltern- und der Jungtiere.

Der neue Besitzer des Welpen merkt dann meist viel zu spät, wie teuer ihn der anfänglich so günstig erworbene Hund kommt. Man steckt ein Vielfaches des Kaufpreises über den Tierarzt in den Welpen und muß obendrein noch damit rechnen, daß das Tier keine lange Lebenserwartung hat.

Für einen Anfänger in der Hobbyzucht besteht außerdem meist die Schwierigkeit, die Welpen an den »Mann« zu bringen. Erst ein bekannter Züchter, der viele Ausstellungen mit guten selbstgezüchteten Hunden besucht, hat Vorbestellungen für Welpen.

All dies sollten Sie bedenken, bevor Sie Ihre erste Hündin zum Decken freigeben!

Technische Voraussetzungen

Zum Züchten rassereiner Pudel mit VDH-Papieren gibt es einige zwingende Grundvoraussetzungen:

1. Man muß Mitglied eines dem VDH angeschlossenen Pudelklubs sein, und auch der zur Zucht vorgesehene Pudel sollte Papiere dieses Vereins haben.

2. Für Ihren Zwinger brauchen Sie einen Zwingernamen, der beim zuständigen Zuchtbuchamt Ihres Vereins beantragt werden muß. Da jeder Zwingername »VDH-geschützt« wird (oder sogar international »FCI-geschützt«), wird es einige Monate dauern, bis man die Bestätigung des Zwingernamens erhält. Wenn man also züchten will, muß man diese Zeit vorher einkalkulieren.

Der Zwingername ist ein Phantasiename und kann selbst frei erfunden werden. Wenn nicht zufällig ein anderer Züchter den gleichen Namen beantragt hat, steht einer Genehmigung nichts im Wege.

3. Der Züchter muß sich an die Zuchtordnung seines Vereins halten, die im einzelnen individuell verschiedene Vorschriften beinhaltet. Machen Sie sich rechtzeitig mit der Zuchtordnung Ihres Vereins vertraut.

Geschlechtszyklus und Decktermin

Der Läufigkeitszyklus der Hündinnen verläuft sehr unterschiedlich. Es gibt Hündinnen, die nur einmal im Jahr hitzig werden, andere werden sogar drei- bis viermal im Jahr läufig. In den meisten Fällen wiederholt sich jedoch die Läufigkeit etwa alle sechs Monate. Es ist daher von Vorteil, einen Läufigkeitskalender für die Hündin anzulegen, um zu wissen, wann die nächste Hitze zu erwarten ist.

Eine gewisse Regelmäßigkeit vorausgesetzt, ist die Hündin schon einige Tage vor diesem Zeitpunkt auf eine Blutung hin zu überprüfen, um den ersten Tag der Hitze nicht zu verpassen.

Die Läufigkeit kündigt sich durch gewisse Anzeichen an: Die Hündin markiert (d.h., sie uriniert häufig geringfügig), und die Rüden sind schon vermehrt an ihr interessiert.

Ist eine Hündin nach dem Deckakt schon mehrere Male »leer geblieben«, so liegt dies oft am falschen Belegungszeitpunkt, sei es aus Unwissenheit des Züchters oder wegen einer individuellen Abweichung im Geschlechtszyklus der Hündin. Für solche Fälle hält der Tierarzt einige medizinische Methoden bereit, um den besten Decktermin genau zu ermitteln.

Läufigkeitsdiagramm

Tag		
5		Scham beginnt anzuschwellen
4		
3		
2		
1		großer Appetit, sehr anhänglich
1	Ausfluß	rot
2		
3		
4		hellrot
5		
6		rosa
7		
8		
9		farblos
10		
11		in der Regel bester Decktermin
12		
13		
14		während dieser Zeitspanne wird der Rüde von der Hündin angenommen
15		
16		
17		
18		Hündin lehnt den Rüden ab; in seltenen Fällen aber auch noch am 21. Tag Befruchtung möglich
19		
20		
21		
22		

(aus Beuttler-Dehmel: Yorkshire Terrier. Franckh-Kosmos 1991)

Silberne Zwergpudel werden schwarz geboren.

Der Deckakt

Nach der Ankunft beim Deckrüden nehmen die Hündin und der Rüde ersten Kontakt auf. Nach einem mehr oder weniger ausgiebigen Beschnüffeln und Belecken wird der Rüde schließlich aufreiten und kopulieren. Ausgelöst durch mehrere Stoßbewegungen kommt es zur ersten Ejakulation. Nach kurzer Zeit wird der Rüde die Stoßbewegungen beenden, der Schwellkörper am Penis schwillt stark an. Unter diesem Druck versuchen viele Hündinnen, sich loszureißen, deshalb empfiehlt es sich, sie am Halsband festzuhalten und ihnen beruhigend zuzureden.

Jetzt umfaßt der Scheidenmuskel den Schwellkörper so stark, daß eine Trennung der beiden Hunde nicht mehr möglich ist. Der Rüde steigt über den Rücken der Hündin ab und verharrt mit ihr in der typischen Paarungsstellung, Po an Po. Dieses »Hängen« dauert zwischen fünf und 40 Minuten. Nach Beendigung des Deckaktes sollte die Hündin unbedingt mindestens eine Stunde ruhen.

Nach dem Deckakt muß die Hündin noch eine Woche lang streng beaufsichtigt werden, damit es nicht zu einem weiteren Deckakt mit einem »unerwünschten« Rüden kommen kann. Sie würde sonst womöglich einen Wurf von zwei Vätern zur Welt bringen; solche Welpen erhalten keine Papiere.

Die Trächtigkeit

Die Dauer der Trächtigkeit beträgt normalerweise 63 Tage, häufig erfolgt die Geburt der Welpen aber auch schon am 60. bis 62. Tag. Ob die Hündin aufgenommen hat, ist erst ab der fünften Woche mit Sicherheit zu erkennen.

Die Fütterung der Hündin verändert sich mengenmäßig in der ersten Schwangerschaftshälfte nicht. Was sie braucht, ist ein qualitativ besonders gutes Futter. Der Flüssigkeitsbedarf erhöht sich, dies geschieht durch die vermehrte Nierentätigkeit, denn sie muß die Abfallstoffe der sich entwickelnden Welpen mit ausscheiden.

Bis zur fünften Trächtigkeitswoche wird die Hündin nicht »geschont«, im Gegenteil, sie soll nach Beendigung der Läufigkeit viel Bewegung im Freien haben. Ab der fünften Woche soll sie draußen nicht mehr toben, sie darf auch nicht mehr hoch oder weit springen. Trotzdem sollte man mehrere kleine Spaziergänge täglich beibehalten.

Die Größe der Wurfkiste wird so bemessen, daß sich die Hündin darin bequem ausstrecken kann. (Abbildung nach Macherey)

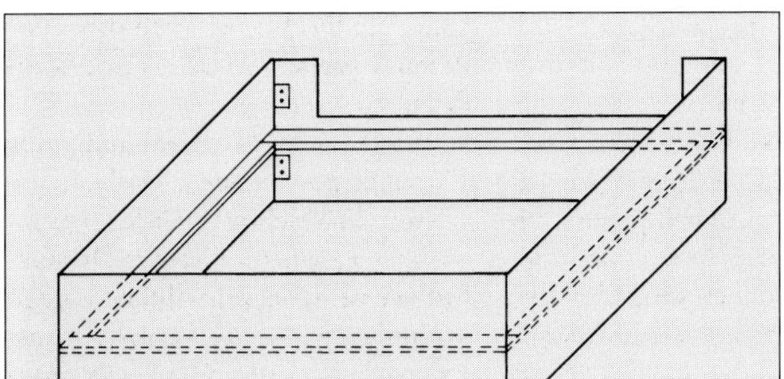

Die Hündin hat jetzt auch einen erhöhten Futterbedarf, und man läßt sie fressen, soviel sie will. Da manche Hündinnen in dieser Zeit hin und wieder erbrechen, ist es von Vorteil, wenn das Futter in mehreren kleinen Mahlzeiten gereicht wird.

Man beginnt nun auch, sie an das Temperaturmessen zu gewöhnen. Dies ist wichtig, da die Temperatur Aufschluß gibt über den Beginn der Geburt. Aus diesem Grunde sollte man die normale Temperatur der Hündin kennen.

Ab der siebten Woche spürt man die Bewegungen der Welpen durch die Bauchdecke der Mutter. Jetzt heißt es, auch eine Wurfkiste für die Hündin bereitzustellen. Die Wurfkiste muß groß genug sein, so daß die Hündin der Länge nach ausgestreckt darin liegen kann und auch die Welpen genügend Platz haben. Die Wurfkiste ist in einem warmen, ruhigen Zimmer aufzustellen, denn die Hündin braucht Ruhe für sich und ihre Jungen. Die Wurfkiste wird mit einer waschbaren Unterlage ausgepolstert, darüber kommt ein starkes Wachstuch. Auf diese Auspolsterung legt man nun auskochbare Moltontücher.

Sprechen Sie den voraussichtlichen Geburtstermin mit Ihrem Tierarzt ab, so daß er notfalls hinzugerufen werden kann. Sie können auch einen erfahrenen Züchter bitten, Ihnen zu helfen.

In der letzten Trächtigkeitswoche senkt sich der Bauch der Hündin, und man fängt mit der zweimaligen Temperaturmessung pro Tag an. Fällt nun die gewohnte Temperatur stark ab, ist damit zu rechnen, daß die Geburt in den nächsten drei

Tagen stattfindet. Steigt dann die Temperatur wieder an, weiß man, daß die Geburt innerhalb der nächsten 24 Stunden beginnt. Ein weiteres Zeichen, daß die Geburt kurz bevorsteht, ist, daß die Hündin das Futter verweigert und ständig ins Freie will. Wenn dann noch ein grüner Ausfluß hinzukommt, ist klar, daß es jetzt losgeht.

Die Geburt

Mit Beginn der Wehen fängt die Hündin an, stark zu hecheln. Bleiben Sie jetzt auf jeden Fall in ihrer Nähe, erstens um der Hündin beruhigend zuzusprechen, und zweitens um im Notfall eingreifen zu können. Es können nun Fruchtwasser und grüner Schleim abgehen.

Mit der ersten Preßwehe spreizt die Hündin die Rute ab, und sie drückt den ersten Welpen, noch in seiner Fruchtblase (*Amnion*), heraus. Mit der Nabelschnur kommt nun auch die Nachgeburt zum Vorschein, die die Hündin hastig verschlingt. Man soll die Hündin auf keinen Fall daran hindern; die Nachgeburt enthält sehr wichtige Nährstoffe, die durch nichts zu ersetzen sind.

Normalerweise wird nun die Hündin den Welpen selbst »auspacken«, d.h., sie beißt die Fruchthülle auf und nabelt selbst den Welpen ab. Bei jungen Hündinnen oder Erstgebärenden ist es oft nötig, daß der Besitzer hilft: Als erstes reißt man die Fruchthülle unter der Kehle des Welpen auf und zieht sie über den Kopf nach hinten. Mit dem Finger wird dem Welpen das Mäulchen ausgewischt, das erleichtert ihm den ersten schwierigen Atemzug. Beim Abnabeln muß man darauf achten, daß die Nabelschnur bereits blutleer ist (weiß). Dann wird sie ca. einen Zentimeter von der Bauchdecke des Welpen entfernt abgebunden und ca. zwei Zentimeter dahinter durchgeschnitten. Anschließend werden die Welpen der Mutter zurückgegeben, die sie dann trockenleckt.

Die Abstände zwischen der Geburt der einzelnen Welpen betragen zehn Minuten bis fünf Stunden.

Nach der Geburt eines jeden Welpen muß man unbedingt darauf achten, daß die Nachgeburt nicht in der Hündin zurückbleibt, dies hätte fatale Folgen!

Falls der Abstand zwischen den einzelnen Geburten zu lang ist oder irgendwelche Komplikationen auftreten, rufen Sie unbedingt den Tierarzt.

Das Wochenbett

Wenn die Geburt glücklich beendet ist und die Welpen die erste Kolostralmilch getrunken haben (Kolostralmilch wird von der Mutterhündin in den ersten Tagen nach der Geburt abgegeben und schützt die Welpen zehn Wochen lang weitgehend vor Infektionen), werden die Neugeborenen gekennzeichnet. Dies geschieht mit verschiedenfarbigen Wollbändchen, die den Welpen um das Hälschen gebunden wer-

Die apricotfarbenen Großpudelwelpen sind einen Tag alt.

den. Sind es nur wenige Welpen, genügt auch ein Tupfer Nagellack auf die Köpfchen.

Anschließend wird die stark verschmutzte Moltonunterlage entfernt und die junge Familie auf ein frisches Tuch umgebettet. Die Hündin bekommt nun ein Schälchen warme Milch mit Honig oder etwas Fleischbrühe. Sodann wird die junge Mutter sanft auf die Beine gestellt und ihr Bauch vorsichtig abgetastet. Ist nämlich noch ein Welpe zurückgeblieben, wird man dessen Kopf durch die Bauchdecke spüren. In diesem Fall ist der Tierarzt dringend zu verständigen. Wenn aber alles in Ordnung ist, wird die Hündin nach draußen geführt, damit sie sich lösen kann.

Man nützt die Abwesenheit der Mutter, um die Welpen zu wiegen, und hält das Geburtsgewicht schriftlich fest. Diese Gewichtskontrolle ist auch weiterhin erforderlich, man kann durch sie Entwicklungsstörungen sofort wahrnehmen. Die Gewichtskontrolle ist außerdem nötig, um den Zeitpunkt, ab dem zugefüttert werden muß, festzustellen. Dieser Moment ist dann gekommen, wenn zwei Tage lang die Gewichtszunahme aller Welpen unter dem Durchschnitt liegt.

Wenn die Hündin ihr Geschäft verrichtet hat, führt man sie zuerst ins Bad und wäscht vorsichtig das Hinterteil. Dies wird in den nächsten Tagen täglich wiederholt, da sie noch einige Zeit nach der Geburt grünen Ausfluß haben wird. Es ist auch möglich, daß die Hündin in diesen Tagen mit Durchfall auf die gefressenen Nachgeburten reagiert.

Zurückgekommen zu den Welpen, wird die Hündin die Kleinen erst einmal gründlich putzen und das Bäuchlein ablecken. Diese Massage muß unbedingt sein, denn die Verdauung der Welpen funktioniert in den ersten Lebenstagen nur »auf Abruf«. Ohne diese Massage können sich die Welpen überhaupt nicht oder nur unvollständig entleeren, dies würde zwangsläufig zu gesund-

heitlichen Störungen führen. Übernimmt die Hündin diese Pflicht nicht, muß man diese Arbeit selbst erledigen: Mehrmals täglich, möglichst nach den Mahlzeiten, wird den Welpen das Bäuchlein mit ein paar Tropfen Öl und einem feuchten Wattebausch massiert.

Da die kleinen Welpen sehr leicht auskühlen, stellt man in den ersten drei Lebenswochen eine Wärmelampe in sicherem Abstand auf.

Die säugende Hündin wird dreimal täglich gefüttert. Die Nahrung soll sehr eiweißreich sein, dazu angereichert mit Kalzium und Vitaminen. Speziell ein Kalkmangel wäre für die junge Mutter fatal, es käme zur Eklampsie (Krampfanfällen). Dann muß der Tierarzt sofort mit einer Kalziuminjektion eingreifen, sonst endet so ein Anfall für die Hündin tödlich.

Weiße Toypudelhündin im Alter von drei Monaten (nur das Gesicht ist ausgeschoren) und erwachsen (Modeschur mit Bart).

Schnüffeln, Toben und Scharren ist wichtig. (Zwergpudelhündin weiß, 18 Monate)

Am zweiten oder dritten Lebenstag wird den kleinen Pudeln vom Tierarzt die Rute kupiert und die Daumenkralle entfernt. Heutzutage werden dem Pudel mindestens zwei Drittel der Rute belassen, das heißt, wenn der Hund die Rute nach unten biegt, müssen das Geschlechtsteil der Hündin oder die Hoden des Rüden bedeckt sein.

Die Aufzucht der Welpen

Nach etwa zehn Tagen öffnen sich die Augen und die Ohren der Welpen, und es ist nun Zeit für die erste Kotuntersuchung beim Tierarzt. Auch der Kot der Hündin wird auf Würmer kontrolliert, denn sie kann diese mit der Muttermilch auf die Welpen übertragen. Sollte sich ein Wurmbefall herausstellen, wird dann, und nur dann, mit einem Wurmmittel behandelt.

Die vielerorts praktizierte »Blindentwurmung« von Hunden ist abzulehnen. Die Wurmkontrolle wird in der vierten und achten Lebenswoche wiederholt.

Ab der vierten Lebenswoche der Welpen baut die Mutterhündin die Milchproduktion rasch ab, und eine Zufütterung der Welpen wird notwendig. Dies geschieht in den ersten drei Tagen einmal täglich. Die Welpen bekommen einen Getreidebrei, der mit industriell hergestellter Welpenmilch angereichert wird. Selbstverständlich erhält jeder Welpe sein eigenes Futterschüsselchen, schließlich muß man überwachen können, wieviel der einzelne Welpe zu sich genommen hat.

Wenn die Welpen gelernt haben, aus der Futterschüssel zu fressen, beginnt hier schon die Erziehung. Futter, das nicht innerhalb von 15 Minuten ausgeleckt ist, wird weggenommen, und die Futterreste gehen an die Mutterhündin. Je weiter die Entwöhnung der Welpen von der Mutter fortschreitet, desto größer wird die Anzahl der Mahlzeiten, die zugefüttert werden müssen. Dies steigert sich auf bis zu fünf bis sechs Mahlzeiten täglich.

Bei der jungen Mutter ist genau das Gegenteil der Fall: Je weniger sie die Jungen säugt, um so mehr verringert man die tägliche Futterration, bis sie wieder bei ihrer normalen Futtermenge angekommen ist.

Ab dem vierten Tag der Zufütterung bekommen die Welpen als zweite Mahlzeit die erste Fleischration. Diese besteht aus gedünstetem Rinderhackfleisch mit etwas Haferflocken oder gekochtem Reis. Ab der fünften Woche beginnt man, die Welpen vorsichtig an Rohkost zu gewöhnen, wie zum Beispiel breifein geriebene Karotten oder Äpfel. Auch eine fein zerdrückte Banane wird von den Welpen gerne genommen. Als Zwischenmahlzeit eignet sich immer wieder ein Schälchen Welpenmilch.

Zur Unterstützung des Knochenaufbaus bekommen die Welpen einmal täglich eine entsprechende Menge eines Kalzium-Phosphor-Präparates. Mit der Entwöhnung der Welpen hat nun für den Züchter eine arbeitsreiche Zeit begonnen. Zur täglichen Fütterung und Überwachung der Futtermengen kommen das Bürsten der Jungtiere und die Reinigung des Auslaufes.

Ab der vierten Woche krabbeln die Welpen aus ihrer Wurfkiste heraus, und es wird nun Zeit, ihren Aktionsradius zu erweitern. Am besten geschieht dies mit dem Aufstellen eines »Laufstalles«, der aus einem handelsüblichen Kompostgitter besteht. Als Unterlage eignet sich vorzüglich ein Rest griffiges PVC. In den Laufstall kommt nun die Wurfkiste.

Außerhalb der Wurfkiste wird der Laufstall mit Zeitungen ausgelegt. Da ein gesunder Welpe niemals sein eigenes Nest beschmutzen wird, verläßt er sein Wurflager, um zu urinieren oder seinen Darm zu entleeren. Zwangsläufig wird er deshalb sein Geschäftchen auf der Zeitung erledigen, was für den Züchter sehr praktisch ist, da sich die Zeitungen leicht entfernen und durch neue, saubere ersetzen lassen. Außerdem ist der Welpe bei der Abgabe an den neuen Besitzer schon daran gewöhnt, sich nur auf einer Zeitung zu lösen.

Die erweiterte Umwelt der Welpen bietet der Mutterhündin ganz neue Erziehungsmöglichkeiten, die in der Prägephase (dritte bis siebte Lebenswoche) besonders wichtig sind. Gibt es in Ihrer Hundefamilie einen Vater, wird auch er sich an der Erziehung der Welpen beteiligen und ihnen »Hundemanieren« beibringen.

In dieser Zeit lernen die Welpen bereits, daß ihr Ungehorsam von den Elterntieren durch Nackenschütteln energisch unterbunden wird. Besonders wichtig in dieser Prägephase ist der laufende Körperkontakt mit dem Menschen. Wissenschaftler haben bewiesen, daß Welpen, die in dieser Phase vom Menschen distanziert werden, niemals normale Familienhunde, ja sogar zu Angstbeißern werden.

Es ist also wichtig, daß die Welpen vom ersten Lebenstag an den Menschen riechen und fühlen und später hören und sehen können. Mehrere Personen – auch Kinder unter liebevoller Anleitung der Eltern – sollen sich mit den Welpen beschäftigen, so daß diese vielfältige positive Erfahrungen mit Menschen machen.

Ebenso wichtig ist es, das Lebensumfeld der Welpen nach und nach zu erweitern, so daß sie immer neue Entdeckungen machen können: Sie brauchen unterschiedlichen Bodengrund, Gegenstände zum Spielen und Turnen, verschiedene Gerüche und Geräusche.

KAPITEL 14

Alter und Tod des Pudels

Noch sind sie jung und fit. (Kleinpudel apricot)

Wann ist denn nun ein Pudel wirklich alt? Man kann das nicht verallgemeinern, aber ab ca. dem zehnten Lebensjahr braucht der Pudel unsere besondere Aufmerksamkeit und Fürsorge. Biologisch ist der Hund mit zehn Jahren im Vergleich zu Menschenjahren etwa 51 Jahre alt.

Dies errechnet sich folgendermaßen: Ein einjähriger Hund entspricht einem etwa 15jährigen Menschen, ein zweijähriger Pudel einem 21jährigen Menschen. Jedes weitere Hundejahr wird mit fünf Menschenjahren gerechnet.

Der häufig gebrauchte Vergleich, ein Hundejahr entspräche sieben Menschenjahren, stimmt nicht mit den biologischen Gegebenheiten überein.

Genau wie bei uns Menschen ab dem fünften Lebensjahrzehnt routinemäßig immer wieder gewisse Vorsorgeuntersuchungen gemacht werden sollten, so ist dies ab dem zehnten Lebensjahr auch beim Hund angebracht. Mindestens einmal jährlich sollte man den Pudel einem »Check up« beim Tierarzt unterziehen. Viele Krankheiten, die

Toypudel silber

sonst unentdeckt bleiben würden, werden dadurch frühzeitig erkannt und vorsorglich behandelt. Man kann so die Lebenserwartung des Pudels sicherlich verlängern.

Auch bei der Ernährung sollte man auf das Alter des Pudels Rücksicht nehmen. Eine vitaminreiche Fütterung mit hochwertigem Eiweiß ist nötig. Selbstverständlich achtet man darauf, daß keine Verfettung durch Überfütterung auftritt.

Sollten Sie den Pudel auch im Alter kurzscheren lassen, so denken Sie bitte daran, daß er leichter friert und vor Kälte und Nässe geschützt werden muß.

Die ersten Alterssymptome sind folgende: Das Schlafbedürfnis des Pudels nimmt zu, und sein Bewegungsdrang vermindert sich. Die Anteilnahme an seiner Umgebung läßt nach, die Sinnesorgane büßen an Schärfe ein.

Die Trübung der Linsen und als Folge der Altersstar sind beim Hund eine sehr typische Altersveränderung. Es stellt sich manchmal auch Schwerhörigkeit ein, ebenso wird der Geruchssinn schwächer.

Sollte das Schlimmste passieren und Blindheit und Taubheit zusammentreffen, so wird das Leben für den Pudel zur Qual und sollte beendet werden. Genauso kann den Pudel ein anderes schweres Leiden quälen, das unheilbar ist und nicht gemildert werden kann. Ihn davon schmerzlos zu erlösen, ist unsere Pflicht, denn er hat selbst nicht die Möglichkeit, über sein Schicksal zu entscheiden.

Es ist wohl die schlimmste Entscheidung, die ein Hundeliebhaber treffen muß: die Entscheidung, den Pudel durch einen Tierarzt einschläfern zu lassen. Dieser Gang ist sehr schwer, aber niemals darf man seinen besten Freund einschläfern lassen, ohne bis zur letzten Sekunde bei ihm zu sein. Das ist man ihm schuldig!

Die Gewißheit, unserem Pudel schweres Leid erspart zu haben, hilft uns auch etwas über den Schmerz hinweg.

KAPITEL 15

Kleine Rechtskunde für den Pudelhalter

Braune Kleinpudel und apricotfarbener Zwergpudel

Mietwohnung, Eigentumswohnung

Vor der Anschaffung des Pudels sollte man sich informieren, ob im Mietvertrag eine entsprechende Klausel enthalten ist.

Es kann die Haltung eines Hundes generell ausgeschlossen (in der Rechtsprechung strittig) oder auch von der Zustimmung des Vermieters abhängig sein. Ist letzteres der Fall, so bedeutet dies, daß jede Tierhaltung der schriftlichen Zustimmung des Vermieters bedarf. Halten aber im Haus mehrere Familien bereits ein Tier, darf der Vermieter dem neu hinzugekommenen Mieter die Tierhaltung nicht ohne triftigen Grund verbieten.

Ist die Tierhaltung, was auch

vorkommt, mietvertraglich nicht geregelt, und der Vermieter verbietet ohne jeden Grund die Hundehaltung, so kann der Mieter die Duldung des Tieres möglicherweise einklagen. Für die Gemeinschaft der Wohnungseigentümer gilt, daß ein Verbot der Tierhaltung nicht durch Stimmenmehrheit beschlossen werden kann. Die Eigentümergemeinschaft kann allerdings eine Hausordnung aufstellen, die die Hundehaltung begrenzt, um Beeinträchtigungen durch die Haltung von Hunden auszuschließen.

Laufenlassen in Jagdrevieren

Für die meisten Bundesländer gibt es die Vorschrift, daß Hunde in Jagdrevieren nicht frei herumlaufen dürfen. Bei Zuwiderhandlung kann der Halter mit einem Bußgeld belegt werden. Man muß wissen, daß der »Jagdausübungsberechtigte« auch autorisiert ist, den freilaufenden Hund abzuschießen, wenn die Gefahr des Wilderns besteht.

Töten eines Hundes

Nach dem Tierschutzgesetz wird mit Freiheitsstrafen bis zu zwei Jahren oder mit Geldstrafen belegt, wer einen Hund ohne vernünftigen Grund tötet oder ihm unnütze Schmerzen zufügt.

Dieses Gesetz gilt natürlich auch für den Tierarzt, auch er darf keinen gesunden Hund einschläfern – auch nicht auf Wunsch eines Hundebesitzers, dem der Hund lästig geworden ist.

Aussetzen von Hunden

Nach dem Tierschutzgesetz ist es unter Strafe gestellt, sich eines Hundes zu entledigen oder diesen auszusetzen, weil das Tier so in eine hilflose Lage gesetzt wird.

Tierarzt und Hund

Nach dem Tierschutzgesetz ist jeder Hundehalter verpflichtet, einem kranken Hund eine Behandlung zukommen zu lassen, um die Schmerzen und Leiden zu lindern.

Bissige Hunde

Wer einen bissigen Hund hat, muß besondere Sorgfalt walten lassen, den Hund beaufsichtigen und

Maulkorb und Leine verwenden. Wenn jemand gebissen wird, haftet der Hundehalter. Deshalb ist der Abschluß einer Hundehalterhaftpflichtversicherung besonders wichtig.

Führen am Fahrrad

Die Straßenverkehrsordnung erlaubt das Führen von Hunden vom Fahrrad aus. (Bei kleinen und kleinsten Hunden darf man natürlich nur ganz langsam radeln.)

Nicht gestattet ist das Führen vom Mofa oder vom Auto aus.

Hunde im Straßenverkehr

Nach der Rechtsprechung geht die Sicherheit im Straßenverkehr grundsätzlich dem Tierschutz vor. Dies bedeutet, daß ein Kraftfahrer nur dann bremsen oder einem Hund ausweichen darf, wenn ein anderer Verkehrsteilnehmer dadurch nicht gefährdet werden kann.

Wenn also ein Autofahrer wegen eines kleinen Hundes bremst und dadurch einen Auffahrunfall verursacht, so kann ihm ein Mitverschulden angelastet werden.

Tierkörperbeseitigungsgesetz

Wenn ein Hund von einem Tierarzt eingeschläfert wird, wird dieser in der Regel die Beseitigung der Tierleiche veranlassen und dem Hundebesitzer die Kosten in Rechnung stellen. Es besteht aber für den Hundebesitzer die Möglichkeit, einen verendeten Hund auf dem eigenen Grundstück zu bestatten, wenn das Grundstück nicht in einem Wasserschutzgebiet liegt. Allerdings muß der Tierkörper in diesem Fall mit einer mindestens 50 cm dicken Erdschicht bedeckt sein.

Ein Einäschern eines verendeten Hundes ist in dafür zugelassenen Beseitigungsanlagen ebenfalls möglich. Außerdem gibt es in vielen Gemeinden Tierfriedhöfe.

Die Beförderung von Hunden

Hunde sind bei der Beförderung im Auto - wie Gegenstände - so zu verwahren, daß sie nicht zur Gefahr werden können.

Für Taxen besteht eine Beförderungspflicht, da der Hund sozusagen als Sache (Gepäck) anzusehen ist. Der Hund muß befördert werden, sofern er untergebracht werden kann und die Sicherheit des Betriebes des Kraftfahrzeuges nicht gefährdet wird.

Die Beförderung von Hunden ist bei der Eisenbahn möglich durch Mitnahme durch den Reisenden als Reisegepäck im Abteil (mit Leine oder im Korb). Erkundigen Sie sich ggf. nach den Bedingungen für das Aufgeben von Hunden.

Bei der Beförderung des Hundes mit Straßenbahn, U-Bahn oder Bus ist ein Anspruch auf Beförderung nicht regelmäßig gegeben. Hunde werden nur dann befördert, wenn die Sicherheit und die Ordnung des Betriebes nicht gefährdet sind und andere Fahrgäste nicht belästigt werden können. Die Entscheidung, ob der Hund mitfahren darf, trifft im Einzelfall das Betriebspersonal.

Die Tierhaltergefährdungshaftung

Auch von einem Pudel können Schäden verursacht werden, Schäden an Personen und Sachen, für die sich der Geschädigte am Halter schadlos halten wird.

Bei der Tierhaltung sieht das Gesetz eine Haftung ohne Verschulden vor (Gefährdungshaftung), die eine Schadensersatzverpflichtung auch dann vorsieht, wenn dem Schädiger kein Schuldvorwurf gemacht werden kann.

Beispiel: Die Nachbarin führt Ihren Pudel zum Gassigehen aus, auf der Straße reißt sich der Hund los und beißt eine Person in die Wade. Der Hundehalter hat dann den Schaden zu ersetzen, dazu gehört unter Umständen auch ein Schmerzensgeld.

Schadensersatzansprüche

Wird Ihr Pudel verletzt und trifft jemand ein Verschulden, so gilt: Der Hund ist nach der neuen gesetzlichen Regelung keine Sache mehr, sondern ein Lebewesen. Von daher kann der Schaden nicht wie z.B. ein Schaden an einem Auto beurteilt werden, sondern es spielt die Beziehung zwischen Mensch und Tier eine Rolle. Der Schadensersatzanspruch (Tierarztkosten) kann daher höher als der Wert des Hundes sein (aber nicht unbegrenzt). Es ist allerdings keine allgemeine Richtschnur möglich.

Versicherungen

Die wichtigste Versicherung für den Hund ist die Tierhalterhaftpflichtversicherung.

Von einigen Versicherern wird auch eine Tierkrankenversicherung angeboten. Prüfen und vergleichen Sie die Angebote und überlegen Sie, ob eine Krankenversicherung für Ihren Hund sinnvoll ist.

KAPITEL 16

Anhang

Weibliche Pudelnamen

A

Aileen
Aimee
Alexis
Alicia
Amily
Angelique
Angy
Anouschka
Ashley
Assy
Audrey
Aysha

B

Babsy
Baby
Barbarella
Barby
Beauty
Beryll
Beverly
Bianca
Billie
Blanche
Bonnie
Bunny

C

Cally
Candida
Candy
Carolyn
Cathy
Cecily
Chanell
Chantal

Charity
Charlie
Charmaine
Charyse
Cherry
Chi-Chi
Cinderella
Cindy
Claudette
Cœur
Conny
Corinna
Corry
Courtney
Cybill
Cynthia

D

Daisy
Debby
Denise
Desiree
Diana
Diona
Diva
Dolly
Doreen
Dory
Dunja

E

Ebony
Edina
Effi
Elfi
Elisha
Elly
Emily
Esprit
Euryke
Eyka
Eyleen

F

Fabienne
Faby
Fallon
Fancy
Fantasy
Fleur
Francesca
Francis
Françoise
Frankie

G

Georgia
Giggy
Gina
Ginger
Gipsy
Giselle
Gitty
Gloria
Goldy

H

Harmony
Harriet
Hazel
Heidi
Henny
Hetty
Hilary
Holly
Honey
Honeybee
Horyna

I

Ines
Ireeny
Iris
Isabell

J

Jacky
Jamie
Jasmin
Jeanny
Jenny
Joy
Joyce
Judy

K

Kelly
Kim
Kimberly
Kleo
Korinna
Kyra
Kyrilla

L

Lady
Larissa
Lesley
Liane
Liberty
Linette
Lissy
Lolita
Lore
Lucy
Lynn

M

Maja
Marilyn
Marleen
Maureen
Melody
Mercedes
Meredith
Minouche
Mireille
Monique

N

Nadja
Nancy
Natalie
Natascha
Nelli
Nicki
Nicole
Nina
Ninette
Ninotschka

O

Olivia
Onely
Ophelia
Orsiris

P

Pamela
Pamina
Patricia
Pearlie
Phyllis
Pia
Pretty
Princess
Priscilla
Pünktchen
Püppchen
Puppy

Q

Quarina
Queeny

R

Ramona
Raya
Rayka
Raykja
Rebecca
Reneé
Rhea
Ricarda
Ricci
Romy
Ruby

S

Sandy
Saskia
Sassy
Scarlett
Sheila
Sherree
Shiny
Shirley
Sissy
Sunny
Sunshine
Susi
Sweety

T

Tamara
Tamika
Tammy
Tanja
Terrie
Tessy
Tiffany
Topsy
Tracy
Trixy
Twiggy

U

Udette
Udine
Umea
Unique
Uschi

V

Valeska
Velvet
Verena
Vicky
Vimpy
Virginia
Viviane
Vreny

W

Wally
Wendy
Wibke
Wickie
Winnie
Wonnie

X

Xandra
Xenia
Xyna

Y

Yasmin
Yvette
Yvonne

Z

Zalona
Zita
Zsa-Zsa

Männliche Pudelnamen

A

Aaron
Adamo
Adonis
Adrian
Aladin
Alain
Andrew
Andy
Angelino
Antony
Apollo

B

Bandit
Barry
Bellamy
Benji
Benno
Billy
Blacky
Bobby
Boomer
Boris
Brian

C

Captain
Carlos
Charly
Charmeur
Chico
Chris
Claudio
Clayton
Cliff
Clyde
Cooky

D

Dancer
Dandy
Danger
Danny
Dartanyan
Daryl
David
Dean
Derek
Derrik
Devil

Diabolo
Domino
Dusty

E

Earl
Eddy
Elroy
Elton
Elvis
Emno
Enrico
Enzo
Ernesto
Eros
Errol
Eyko

F

Fabian
Fabio
Falco
Fantastic
Faszination
Fellow
Filou
François
Franky
Freddy

G

Gary
Gene
Geronimo
Giacomo
Gigolo
Gino
Giovanni
Glenn
Goofy
Gordon
Gregory

H

Happy
Hardy
Harry
Harvey
Henry
Hero
Heyco
Hickory
Humphrey
Hunter
Hurricane

J

Jackomo
Jamy
Jason
Jean
Jed
Jeremy
Jerry
Jimmy
Joe
Joker
Jonny
Justin

K

Kai
Karlo
Kavik
Kenneth
Kerry
Kevin
King
Kirk
Kolja

L

Larry
Lars
Laslo
Lee
Lester
Lionel
Livio
Lord
Lucky

M

Magnum
Major
Manolito
Marco
Mario
Marlon
Marvin
Maurice
Mayko
Mike
Mirko

N

Nanno
Nelson
Nestor
Nick
Nico
Nicolai
Nicolas
Nino

O

Odysseus
Ole
Oliver
Orest
Orix
Orlando
Orry
Ossi

P

Paddy
Pascha
Pedro
Pepper
Percy
Perry
Philipp
Piccolo
Pierre
Pinoccio
Poldy
Prince

Q

Quax
Quincy
Quirin
Quirly

R

Rainier
Ralph
Ray
Ricardo
Ricco
Ricky
Rinaldo
Robin
Rocky
Romeo
Ron
Ronny
Rudolpho
Rusty

S

Sammy
Sascha
Schlingel
Sherry
Sidney
Silvio
Smokey
Snoopy
Sonny
Speedy
Spencer
Stewart

T

Tassilo
Teddy
Terry
Tim
Timber
Timmy
Tino
Toby
Tom
Tommy
Tony
Tristan

U

Udo
Ulando
Ulf
Uli
Ulli
Ulryck

V

Vadim
Valentino
Vico
Vincenzo
Vito
Vittorio

W

Warwick
Whiskey
Wicko
William
Willy
Wim
Winston
Wotan

X

Xammy
Xaver
Xenos
Xox

Y

Yankee
Yo-Yo
Yoschi
Yves

Z

Zando
Zino
Zorro

Nützliche Adressen

Deutscher Pudel-Klub e.V. (DPK)
Vaderkeborg 19
26789 Leer
Tel.: 04 91 / 6 48 63
Fax: 04 91 / 6 48 03

Verband der Pudelfreunde Deutschlands e.V. (VDP)
Dorfstr. 27
21521 Wohltorf
Tel./Fax: 0 41 04 / 20 95

Pudel-Zucht-Verband 82 e.V. (PZV)
Alter Weg 3
57520 Neiderdreisbach
Tel.: 0 27 43 / 20 09
Fax: 0 27 43 / 20 00

Allgemeiner Deutscher Pudelklub e.V. (ADP)
Lothstr. 90
80797 München

Verband für das Deutsche Hundewesen e.V. (VDH)
Westfalendamm 174
44141 Dortmund
Tel: 02 31 / 56 50 00
Fax: 02 31 / 59 24 40

Fachgruppe Hundepflege im Zentralverband Zoologischer Fachbetriebe Deutschlands e.V.
Bernd Saft
c/o Star vom Sirius
Königsweg 62
24114 Kiel
Tel.: 04 31 / 6 39 55
Fax: 04 31 / 67 35 15

Pudel und Kinder verstehen sich prächtig. (Großpudelrüde braun)

Österreichischer Club der Pudelfreunde (ÖCP)
In der Gugl 6
A-3400 Klosterneuburg
Tel.: 0 22 43 / 29 81

Österreichischer Kynologenverband (ÖKV)
Johann-Teufel-Gasse 8
A-1238 Wien
Tel: 01 / 88 70 92
Fax: 01 / 8 89 26 21

Schweizerischer Pudel Club (SPC)
Frau Lisbeth Mach
Haus Kacian
CH-6062 Wilen
Tel.: 0 41 / 66 50 63

Schweizerische Kynologische Gesellschaft (SKG)
Länggaßstr. 8
CH-3012 Bern
Tel.: 0 31 / 3 10 58 19
Fax: 0 31 / 3 02 02 15

Fédération Cynologique Internationale (FCI)
13, Place Albert I
B-6530 Thuin, Belgien
Tel: 0 71 / 59 12 38
Fax: 0 71 / 59 22 29

Literatur

Bücher

BECK, PETER: Das Beste für meinen Hund. Franckh-Kosmos Verlag 1995.

BECVAR, DR. WOLFGANG: Naturheilkunde für Hunde. Franckh-Kosmos Verlag 1994.

BEYERSDORF, PETER: Dein Hund auf Ausstellungen. Paul Parey Verlag 1993.

BREHM, DR. HELGA: Gesunde Ernährung für Hunde. Franckh-Kosmos Verlag 1993.

BREHM, DR. HELGA: Hundekrankheiten. Franckh-Kosmos Verlag 1995.

DEUTSCHER PUDEL-KLUB: Festschrift 90 Jahre Deutscher Pudel-Klub. 1983.

FEDDERSEN-PETERSEN, DORIT: Hunde und ihre Menschen. Franckh-Kosmos 1992.

FEDDERSEN-PETERSEN, DORIT: Hundepsychologie. 2. Aufl., Franckh-Kosmos 1987.

HOBDAY, RUTH: Agility macht Spaß. Kynos-Verlag 1993.

KEJCZ, YVONNE: Unser Hund wird alt. Franckh-Kosmos 1994.

QUEDNAU, FREIMUT: Rechtskunde für Hundehalter. Paul Parey Verlag 1987.

RAKOW, DR. BARBARA: Der homöopathische Hundedoktor. 3. Auflage, Franckh-Kosmos 1992.

ROSS, JOHN und BARBARA MCKINNEY: Hunde verstehen und richtig erziehen. Franckh-Kosmos Verlag 1994.

SCHNABEL, ELISABETH: Unser Hund wird gut erzogen. 5. Auflage, Franckh-Kosmos 1992.

SIEBER, ILSE und ERIC H.W. ALDINGTON: Hundezucht naturgemäß mit Liebe und Verstand. Gollwitzer Verlag 1990.

STEINER, ASTRID: Agility, die neue Hundeausbildung. Müller-Rüschlikon.

TEICHMANN, PETER: ABC der Hundekrankheiten. Naturbuch 1994.

TELLINGTON-JONES, LINDA und SYBIL TAYLOR: Der neue Weg im Umgang mit Tieren. Franckh-Kosmos Verlag 1993.

WIMMER-KIECKBUSCH, KARIN: Freizeit mit dem Hund. Franckh-Kosmos 1992.

Zeitschriften

Die meisten Pudelklubs bringen eigene Zeitschriften heraus, die man direkt bei den Klubs bekommen kann.

»Unser Rassehund«, die Verbandszeitschrift des VDH, veröffentlicht Nachrichten der angeschlossenen Pudelklubs, Adressen von Welpenvermittlungsstellen und Fachartikel über Hunde im allgemeinen. Die Zeitschrift ist nur direkt beim VDH (Adresse oben) zu beziehen.

Bildnachweis

Die Hunde und ihre Züchter und Besitzer:
S. 2: Charity von Merino mit Sohn Adriano of Munic's Aristocratic Beauties (Heidi und Bernd Käser, München). **S. 32:** Paola vom Silberberg (Karin und Dieter Lesinski, Hamm). **S. 34:** Toscana (Flocken). **S. 35o:** Kouridinoque aus dem Zwinger von Swenter Moor (Flocken). **S. 35u:** 3facher Weltsieger und Olympiapokalsieger White Mira from the Sea Horse, Fernando v. Petit Point und Georgie Best v. Petit Point, Zwinger v. d. Hutzelschweiz (Ute Eberhard). **S. 36o:** 16facher Champion Goldi a. d. Eremitage (Wagner). **S. 43:** Georgie Best v. Petit Point, Zwinger v. d. Hutzelschweiz (Ute Eberhard). **S. 44:** El-Bumb aus der Zucht von der Zonser Heide (Hildebrand, Bad Breisig. **S. 47:** Rüde Querl vom Lehnerhaus. **S. 55:** Gina v. Erlenhain, Femme Fatale und Cleo v. Swenter Moor (Flocken). **S. 60:** Dorian Gray's Indiana. **S. 67:** Lore, Weltsieger aus dem Zwinger v. d. Hutzelschweiz, (Ute Eberhard). **S. 69:** Nadine vom Silberberg (Karin und Dieter Lesinski, Hamm). **S. 81:** Weltsieger 1994 Charyse Lady From The Silent Lakke (E. Bringmann). **S. 84:** Number One a. d. Bayreuther Eremitage (Wagner). **S. 94:** Nadine (Mutter) und Ramona und Rosaly vom Silberberg (Karin und Dieter Lesinski, Hamm). **S. 95:** Zaubermaus-Zimbel vom Phantasialand (Hildebrand, Bad Breisig). **S. 103:** Valeska v. Rodauer Forst, Hagunn Toy of Mirror und Benjamina v. Rödenbächle (E. Bringmann). **S. 107:** Nana und Nina v. Erlenhain (W. Adnan, Oberkotzau). **S. 109:** Fair Lady de la Blance Perle (Heidi und Bernd Käser, München).

Register

A

Abgeben 71
Abholung 50
Abstammung 8, 9
Abszeß 66
Agility 72
Ahnentafel 50
ALDROVANDI, ULISSES 12
Alleinbleiben 46, 72
Allgemeinerscheinung 37
Alter 101
Alterssymptome 102
Analbeutel 65
Anatomie 9
Anschaffung 45
Anschaffungen 49
ansteckende Leberentzündung 82
Antiflohmittel 66
Apfelkopf 44
Apportieren 71
Apricot 31, 34, 42
Aufbiß 39
Auffassungsvermögen 23
Aufzucht 99
Augen 39
Augen, tränende 78
Aujeszkysche Krankheit 58, 79
Aus-Kommando 71
Auslandsreisen 55
Aussetzen 104
Ausstellungen 84

Ausstellungsarten 86
Ausstellungsschuren 42
Ausstellungs-Utensilien 90
Ausstellungs-Vorbereitungen 88
Ausstellungszweck 85
Austrocknung 75
Auswahl 50
Auto 50, 53

B

Backen 38
Baden 62
Ballaststoffe 58
Bandwürmer 68
Barbet 14
Bart 34
Bauch 41
Bauchmassage 97
Beförderung 105
Begleithund 37
Beliebtheit 31
Bestattung 105
Bindehautentzündung 77
bissige Hunde 104
Black and tan 34
Borreliose 67
Brustkorb 41
Büffelhautknochen 59, 64
Buffon 10, 15
Bundessiegershow 86
Bürste 61

C

CACIB-Ausstellung 86
Charakter 32
CAJUS, JOHANNES 11
Canis 9
Canis aquaticus aviarius 11
Continental-Clip 35
COREN, STANLEY 32
COSIMO, PIERO DI 11
CRUFT, CHARLES 84

D

Daumenkralle 99
Deckakt 94
Decktermin 93
Deutscher Champion (VDH) 87
Deutscher Pudelklub 18, 29
disqualifizierende Fehler 44
Distichiasis 78
DÖBEL, HEINRICH WILHELM 15
DPK-Siegerschauen 87
Durchfall 75

E

Echinokokkose 68
Ehrenklasse 88
Eigenschaften 20, 32
Eigentumswohnung 103
Eingewöhnung 51
Einschläfern 102
Eiweiß 57
Empfängnisbereitschaft 48
Energie 58
English Saddle Clip 42
Entropium 78
Entwöhnung 100
Entwurmung 68
Enzephalitis 67
Erbkrankheit 47, 77
Erbrechen 54, 76
Ernährung 56
Erziehung 52, 69
Eukalyptusöl 67
Europasiegershow 86

F

Fahrrad 105
Fang 38
Farben 33, 42, 86
Fédération Cynologique Internationale (FCI) 84
Fehler 43

Fell 33
Fertigfutter 59, 60
Fistel 66
FITZINGER, L. 8, 10
Flanken 41
Fleisch 57
Fleischfresser 57
FLEMMING, H. F. VON 13
Flöhe 66
Follikelkatarrh 77
Formwertnoten 88
FORRER, CONRAD 13
Fuchsbandwurm 68
FÜRST VON BÜLOW 29
Futternapf 49
Futterumstellung 59
Fütterung 56, 59
Fütterungszeiten 50

G

Gangwerk 37
Gebärmutterentzündung 48, 83
Gebiß 38
Gebißkontrolle 90
Geburt 96
Geburtsgewicht 97
Geburtshilfe 96
Geburtstermin 95
Gehör 22
Gelehrigkeit 25, 37
Gelenkwinkel 41
Geruchsinn 21
Gesäugetumor 48
Geschichte 8
Geschlechtszyklus 93
Geschmacksinn 21
Gesichtssinn 22
GESNER, CONRAD 11
Gesundheitskontrollen 75
Getreide 57, 58
Glotzaugen 44
Größen 33, 43, 86
Großpudel 31, 34, 43
Grundausstattung 49

H

Haarkleid 37, 42
Haarpflege 61
Hals 39
Halsband 49
Harlekin 34
Häufchen 53
Haut 42
Hepatitis contagiosa canis 82
Herankommen 69
Hintergliedmaßen 41
Hirnhautentzündung 67
Hirnschädel 38
Hirschtalg 65
Hündin 48
Hüftgelenksdysplasie (HD) 78
Hundeapotheke 55
Hundebandwurm 68
Hundeimpfkalender 79
Hundekuchen 59
Hundepension 55
Hundesalon 62
Hundeshows 84
Hundesport 74
HÜTHER, CLAUDIUS 19
Hygienehöschen 48

I

Impfung 50
Infektionen 79
Intelligenz 20, 32
Internationale Rassehundeausstellung 86
Internationaler Champion 87
Inzucht 47

J

Jagdrevier 104
Jugendklasse 88
Junghundeschur 34
Jüngstenklasse 88

K

Kalzium 58, 60
Kamillentee 77
Kamm 61
Karakulschur 30, 36
Kastration 48
Kauf 47
Kaufvertrag 50
Kauknochen 59
Kinder 27, 46
Klasseneinteilung 88
Klassische Schur 42
Kleinpudel 31, 34, 43
Knochen 59
Kohlenhydrate 58
Kolostralmilch 96
Komm-Kommando 68
Königspudel 34
Kopf 38
Körbchen 49, 51
Kosten 46
Kotprobe 52
Kotuntersuchung 68, 99
Krallen 64
Krankheiten 75
Kruppe 41
Kryptorchismus 44, 52
Kunststücke 19, 33
Kupieren 99

L

Läufe 41
Läufigkeit 48, 93
Läufigkeitsdiagramm 93
Läufigkeitverhinderung 48
Laufstall 100
Lebenserwartung 33, 102
Leber 57
Leberentzündung 82
Lefzen 38
Leine 49, 51
Lenden 41
Leptospirose 82
Lernen 20
Linienzucht 91
Linsentrübung 102
Lippenwinkel 38
Löwenschur 35, 42

M

Magendrehung 76
Markieren 65
Meldeformular 88
Meldegebühr 88
Menschenkontakt 100
Merkfähigkeit 33
Metritis 83
Mietwohnung 103
Milch 58, 60
Mineralstoffe 58
Mittelpudel 34, 43
Modeschur 31, 34, 42
Monorchiden 44

N

Nabelschnur 96
Nachahmungslust 26
Nachgeburt 96
Nacht, erste 51
Nägel 40
Nahrungsbestandteile 57
Namensgebung 51
Näpfe 49
Nasenspiegel 38
Neue Schur 31
Nüchternerbrechen 76

O

Oberarm 40
Offene Klasse 88
Ohren 39
Ölbad 63
Ortsinn 22

P

Papiere 47
Parasiten 66
Parvovirose 82
Patellaluxation 79
Pflege 61
Pfötchengeben 71
Pfoten 40, 65
Phosphor 58, 60
Pigmentierung 42, 44
Pigmentverblassung 38
Pigmentverlust 42
Platz 70
Prägung 47, 100
Progressive Retinaatrophie (PRA) 78
Pseudowut 79
Pudel-Klub 31
Pudelpointer 9
Pudelzucht 29
Puppy-Clip 31, 84
Puppyschur 34

R

Rassemerkmale 37
Rassestandard 37, 85
Rechtskunde 103
REICHENBACH, LUDWIG 16
Reisekrankheit 54
Reiseutensilien 55
Ringtraining 89
Rippen 41
Rohkost 57, 58
Rücken 41
Rüde 48
Rumpf 40
Rute 41

S

Saddle-Clip 35
Schädel 9
Schadensersatzansprüche 106
Scheinschwangerschaft 48
SCHEITLIN, PETER 19, 23
Schenkel 41
Scherengebiß 38
Schlittenfahren 65, 68
Schneiden 62
Schnürenpudel 16, 42
Schnürhund 16
Schulter 40
Schur 62
Schurarten 31, 33, 86
Schwanzlosigkeit 44
Schwarz-Lohfarben 34
Schwarzweiß gescheckt 34
Schweinefleisch 58, 79
Schwerhörigkeit 102
Second Puppy-Clip 34, 42
Seidenhund 9
Shampoo 63
Silber 31, 34
Silbergrau 42
Sinne 21
Sitz 70
Sozialisierung 46, 47
Spaziergang 45, 51
Spielen 33, 46, 49
Stammbuch 30
Standardschur 35
Staupe 80
Staupegebiß 44
Steckbrief 32
Stehen 89
Sterilisation 48
Stimme 23
Stirnfurche 39
Stirnhöcker 38
Stöckchenholen 27
Stop 38
Straßenverkehr 105
STREBEL 10
Streunen 48
Streusalz 65
Stubenreinheit 52
STUDER, T. 9
Stuttgarter Hundeseuche 82

T

Tätowierungsnummer 47
Temperaturmessen 95
Tierarzt 51, 104
Titel 87
Tod 101
Tollwut 81
Topknot 34
Toypudel 31, 34, 43
Trächtigkeit 95
Tragen 26
tränende Augen 78
Transportbox 53
Trockenbox 62

U

Überbiß 39
Umwelteindrücke 100
Ungarischer Wasserhund 15
Unterarm 40
Urlaub 45, 54

V

Vaseline 65
VDH 30, 47, 92
Veranlagung 37
Verantwortung 45
Verband für das Deutsche Hundewesen (VDH) 30
Vererbung 91
verfilztes Haar 62
Vermieter 45
Versicherungen 106
Verzwergungsmerkmale 44
Veteranenklasse 88
Vitamine 58
Vorbiß 39, 44
Vorbrust 41
Vordergliedmaßen 40
Vorsorgeuntersuchungen 101
Vorüberlegungen 45

W

Wasser 59, 60
Wasserhund 11ff
Wassernapf 49
Wehen 96
Welpenfütterung 59, 60
Welpenpflege 98
Welthundeausstellung 85, 86
Widerristhöhe 33
Wiegen 97
Wimpernreihenverdoppelung 78
Winkelung 41
WIRTH, F. 30
Wochenbett 96
Wohnung 46
Wölfe 8
Wolfskrallen 44
Wollpudel 18, 42
Wurfkiste 95
Würmer 50, 68

Z

Zähne 64
Zähne, fehlende 44
Zähneputzen 59, 64
Zahnfehler 90
Zahnstein 64
Zahnstellung, unregelmäßige 44
Zecken 66
Zehenzwischenräume 65
Zirkushund 33
Zucht 29, 91
Zucht-Voraussetzungen 92
Züchter 47, 50
Zuchtalter 47
Zuchtordnung 93
Zuchtschau 30
Zuchtwahl 77
Zufütterung 99
Zupfbürste 61
Zwergpudel 31, 34, 43
Zwingerhusten 80
Zwingernamen 92